人文社科
高校学术研究论著丛刊

语言学理论指导下英语教学多维度研究

杨雪萍 著

中国书籍出版社
China Book Press

图书在版编目 (CIP) 数据

语言学理论指导下英语教学多维度研究 / 杨雪萍著. -- 北京：中国书籍出版社，2021.4
ISBN 978-7-5068-8437-2

Ⅰ.①语… Ⅱ.①杨… Ⅲ.①英语–教学研究 Ⅳ.① H319.3

中国版本图书馆 CIP 数据核字（2021）第 067283 号

语言学理论指导下英语教学多维度研究

杨雪萍　著

丛书策划	谭　鹏　武　斌
责任编辑	杨铠瑞
责任印制	孙马飞　马　芝
封面设计	东方美迪
出版发行	中国书籍出版社
地　　址	北京市丰台区三路居路 97 号（邮编：100073）
电　　话	（010）52257143（总编室）　（010）52257140（发行部）
电子邮箱	eo@chinabp.com.cn
经　　销	全国新华书店
印　　厂	三河市德贤弘印务有限公司
开　　本	710 毫米 ×1000 毫米　1/16
字　　数	217 千字
印　　张	16
版　　次	2022 年 7 月第 1 版
印　　次	2022 年 7 月第 1 次印刷
书　　号	ISBN 978-7-5068-8437-2
定　　价	82.00 元

版权所有　翻印必究

目 录

第一章　导论 ………………………………………………… 1
　　第一节　语言 ………………………………………………… 1
　　第二节　语言学 ……………………………………………… 8
　　第三节　英语教学 …………………………………………… 20
第二章　语言学理论指导下的英语教学 …………………… 27
　　第一节　语言学流派及英语教学法 ……………………… 27
　　第二节　基于语言学理论的英语习得研究 ……………… 42
　　第三节　基于语言学理论的英语教学大纲设计 ………… 48
　　第四节　基于语言学理论的英语测试分析 ……………… 50
第三章　词汇学理论指导下的英语教学研究 ……………… 55
　　第一节　词汇与词汇学 …………………………………… 55
　　第二节　词汇学的研究内容 ……………………………… 66
　　第三节　词汇学理论指导下的英语教学策略 …………… 75
第四章　句法学理论指导下的英语教学研究 ……………… 82
　　第一节　句法与句法学 …………………………………… 82
　　第二节　句法学的研究内容 ……………………………… 91
　　第三节　句法学理论指导下的英语教学策略 …………… 97
第五章　语义学理论指导下的英语教学研究 ……………… 103
　　第一节　语义与语义学 …………………………………… 103
　　第二节　语义学的研究内容 ……………………………… 107
　　第三节　语义学理论指导下的英语教学策略 …………… 114

第六章 语用学理论指导下的英语教学研究……118
 第一节 语用与语用学……118
 第二节 语用学的研究内容……121
 第三节 语用学理论指导下的英语教学策略……147

第七章 认知语言学理论指导下的英语教学研究……151
 第一节 认知与认知语言学……151
 第二节 认知语言学的研究内容……154
 第三节 认知语言学理论指导下的英语教学策略……159

第八章 文化语言学理论指导下的英语教学研究……166
 第一节 文化与文化语言学……166
 第二节 文化语言学的研究内容……173
 第三节 文化语言学理论指导下的英语教学策略……179

第九章 应用语言学理论指导下的英语教学研究……187
 第一节 语言应用研究与应用语言学……187
 第二节 应用语言学的研究内容……197
 第三节 应用语言学理论指导下的英语教学策略……208

第十章 系统功能语言学理论指导下的英语教学研究……217
 第一节 系统功能理论与系统功能语言学……217
 第二节 系统功能语言学的研究内容……225
 第三节 系统功能语言学理论指导下的英语教学策略……234

参考文献……240

第一章 导论

语言在长期的发展与演变过程中积累了丰富的理论,进而逐渐形成一门学科——语言学。一直以来,人们从未停止过对语言学的研究,在新的时代发展背景下取得了一定的成果。本章作为全书开篇,重点介绍语言、语言学、英语教学这三个方面的理论知识内容,从而为其后章节的展开做好理论层面上的铺垫。

第一节 语言

一、语言概念的阐释

(一)语言是一种交际工具

语言的功能有很多,但是交际功能是其所有功能中最基本的功能,具体可以从如下两个层面来理解。

1. 语言是最重要的交际工具

人类社会中的每个人都生活在一定的客观社会条件之中,人与人的交际是社会生活中的重要组成部分。人们往往用语言来交际,但是除了语言,还可以有很多种交际工具,如灯光语、旗语、身势语等。灯光语、旗语是基于语言而产生的辅助交际工具,因此也不能和语言相比。身势语是流传很广的交际语言,但是受各种条件的限制,往往会产生某些误会,因此也不能和语言相比。通过上述分析可知,语言是所有交际工具之中最重要的交际工具。

2. 语言是人类独有的交际工具

对于语言是交际工具,这在前面已经论述,但是这里所强调的是"人类独有",其可以从两个层面来理解。

(1) 动物所谓的"语言"与人类的语言有根本区别

"人有人言,兽有兽语。"动物与动物也存在交际,它们采用的交际方式也有很多,可以是有声的,也可以是无声的。但是,动物与动物之间这些所谓的"语言"是与人类的语言无法比拟的。

首先,人类语言具有社会性、心理性与物理性。社会性是人类语言的根本属性,因为人类的语言是来源于人类集体劳动的交际需要。运用语言,人们才能够适应自然,改造自然。相比之下,动物的"语言"只是为了适应自然。

其次,人类的语言具有单位明晰性。人类语言是一种音义结合的词汇系统与语法系统,音形义各个要素都可以再分解成明确的单位。相比之下,动物的"语言"是无法分析出来的。

再次,人类的语言具有任意性。语言是一种规则系统,人们使用语言对自己的言语加以规范。但是,语言系统本身的语素和词、用什么音对意义加以表达等从本质上说是任意的。相比之下,动物的"语言"在表达情绪和欲望时并无多大区别。

最后,人类的语言具有能产性。人类的语言虽然是一套相对固定的系统,各个结构成分是有限的,但是人们能够运用这些有限的成分产生无限的句子,传递出无限的信息。相比之下,动物的"语言"是无法达到这一效果的。

(2) 动物学不会人类语言

动物能否学会人类的语言?对于这一问题,答案显然是不能。如果能学会,那就不能说语言是"人类独有"的交际工具了。很多人说,鹦鹉等能够模仿人的声音,但是这也不能说它们掌握了人类的语言,因为它们只是模仿,只能学会只言片语。也就是说,这些动物不能像人类一样运用语言产生无限多的句子,也不能写出无限多的文章。因此,语言是动物不可逾越的鸿沟,能否掌握语言,也是人与动物的根本区别之一。

(二)语言是一种符号系统

在人们生活的世界上到处都包含符号的痕迹。例如,马路上的交通信号灯,绿色代表通行,红色代表禁止通行,黄色代表警示。医院里面会张贴禁止吸烟的标志,告诉人们不可以在医院吸烟。显然,符号以及符号活动时时刻刻存在。总体而言,符号一般包含两大类:一类是人类符号活动,一类是动物符号活动。人类符号活动包含语言符号活动与非语言符号活动。非语言符号又包含建筑符号、音乐符号、行为符号、会话符号等。可见,符号学在学术领域有着广泛的内涵,其将几乎所有学科包含在内,尤其是人文学科,也就是说,它是跨学科研究的一条重要道路。

索绪尔在他的语言学研究中指出,符号在语言学中是非常重要的,并且强调符号是语言的本质。语言学属于符号学的一部分,很多人将语言学称为"符号学",也就是与符号相关的科学,即研究人尝试采用一些约定俗成的系统来传达思想时出现的现象。其实,并没有人讲授符号传播的现象,但是这一现象在语言学家的头脑中是存在的,以至于很多学者认为语言学是历史学科的一部分。实际上,语言学也可以说是符号学。

关于符号学与语言学的关系,学者们所持有的观点大致包含如下几点。

(1)索绪尔、西比奥克等人认为符号学包含语言学。

(2)法国著名的符号学家巴尔特、罗兰等人认为符号学属于语言学的一部分。

(3)有学者指出符号学与语言学是相互独立的。

(4)法国符号学家吉劳认为符号学与语言学是不相关的关系。

对于上述观点,支持第一种观点与第三种观点的人更有说服力,他们各自持有自己的观点和意见。实际上,符号学作为一门跨学科的研究手段,它在一定程度上包含了语言学,并赋予语言学一个新的研究手段,而语言学也具备一些自身的特点,且这些特点正是符号学中未包含的领域。但是无论如何,我们需要承认的是语言是人类多种符号系统中的一个典型代表,也是人们使用最为广泛的一种。如果我们将语言研究置于符号学研究之中,必然有助于研究语言,从而为语言学的发展奠定基础。

对于人类而言,语言特有的符号体系,也是人类最为常用的符号体系。从狭义层面来说,语言只是指口头语言与书写文字,但是广义上的语言就包含一些非语言符号,如装饰语言、表情语言等,这些非语言符号也传递着一些思想信息。但是,一般来说,语言更倾向于指代口头语言与书写文字。声音是语言的物质表现形式,图形是文字的物质形式,它们分别给人造成听觉与视觉的感受与反映。语言作为物质形式与内容的统一体,在语言身上就体现了音义统一与形义统一。语言还是一种线性的结构系统,语言单元是以一维的方向来进行相继排列的,语言单元之间是考虑语法规则而组合起来形成系统的。

可见,对于有声语言而言,其包含三大构成语素:语音、语法、语义。在所有的符号形式中,语言是最重要、也是最基本的形式,是人类存储、传递信息的一项重要工具。语言是将人群共同体作为单位而形成的系统,不同的人群,所产生的语言也是不同的,之后不同的人群会因为不同的生理与文化特征而形成不同的民族,语言的差异也就成了民族与民族差异的一大重要特点。部分观点认为,语言是思维的外壳。我们对自身以及外在世界的思考与认知都是借助语言而完成。语言不仅帮助人们传递信息、交流思想,它也是思维工具,参与并体现人们的思维,但这很难说是思维的本质。

二、语言自身特性阐述

(一)生理性

语言具有生理性是语言最基本的特征。人脑中包含多种对语言进行处理的机制,这些机制是区分人与动物的重要层面,之所以婴儿和儿童可以很容易地获得知识,而到了一定年纪之后知识获取速度会减慢,都是由于语言生理机制的影响和作用。

(二)心理性

语言与思维有着密切的关系,语言是人们展开交流、进行思维的重要工具。如果没有语言的参与,思维是很难展开的;如果脱离了思维这一辅助,语言也丧失了依靠,这样说出的语言是无逻辑的语言。可以说,如果思维出现问题,那么语言也必然受到严重的影响。

(三)创造性

创造性指语言可以无限变化的潜力。有人将语言与交通信号灯作比,认为语言比交通信号灯还要复杂,这是因为人们可以运用语言产生很多新的意义。例如,一些词语通过新的使用方法可以传达不同的意思,并且能够立刻被人理解。从另一个角度而言,只有人类的语言具有创造性。虽然绝大多数的动物能够给同伴传递信息,能够接受其他同伴的信息,但是这些信息并不具有创造性。例如,长臂猿的叫声往往都来自一些有限的指令,它们的叫声不具有创造性,因此不可能创造新意;蜜蜂的舞蹈只是用来指示食物的所在,仅能传递这唯一的信息,因此也不具有创造性。但是如果将语言视作一个交流系统,那么语言就不是人类独有的了。也就是说,蜘蛛、蜜蜂等也可以通过语言进行交流,只不过交流的内容是非常有限的。语言是创造性的,因为其可以产生出无限的句子,这也体现了语言的递归性。

(四)移位性

所谓移位性,即交际双方可以用语言传达不在交际空间或现场的事件、物体、概念等信息。例如,人们可以提及孔子,即便其已经去世两千多年,距离人们比较遥远,但是人们仍旧可以用语言将其及其相关信息传达出来。一旦发现有关群体利益的刺激,多数动物都会发出相应的交际反应。例如,鸟类发出鸣声意味着有危险的临近,这是动物受到外界刺激的直接反应。与动物的交际系统不同,人类语言不会受到直接刺激的控制,也就是说人们谈论什么不需要由内部刺激引发。移位性赋予了人们巨大的抽象能力与概括能力,这些能力也促进了人们的进步与发展。

三、语言的功能分析

对于语言的功能,这里从心理学与社会学的角度展开分析和探讨。语言的心理学功能即人们用于与客观世界进行沟通的工具或手段,是人们对外部世界进行认知的心理过程,是主观的功能。其可以细分为命名功能、陈述功能、表达功能、认知功能和建模功能五种。语言的社会学功能即语言被用于与他人沟通的工具或手段,其是人与人之间进行沟通的心理过程,是外显的功能。

(一)命名功能

所谓命名功能,指语言被用作对某些事物、事件进行标识的工具或手段。这是人类运用语言的一大强烈心理需求,且蕴含的意义非常巨大。大部分儿童对生词的掌握都有一种迫切的需求,且这也阐明了对鉴别事物的符号的掌握的重要性。只有掌握了这些符号,才能说真正地掌握了这种事物。

在人类没有语言之前,世界万物在人们的心目中所留下的印象是不同的,因此产生了人们对这些事物认知的差异,并且通过这些印象,他们可以识别这些事物。但是如果没有语言,人类是无法对这些事物进行表达的,这些事物存在于人类脑海中也仅是一种意会。这样的话很容易出现混乱。

例如,当人们见到兔子时,只知道它跑得很快,但是并不知道它叫什么,人们只能记住它的形象;当人们第一次见到荷花时,并不知道它叫什么,但是能感觉到它与其他事物之间的差异,只能在头脑中形成它的形象。但是,随着人们见到的事物越来越多,那些叫不出名字的事物就会在头脑中显得非常混乱。在这样的情况下,人们就有了对事物进行命名的需要,因此一些名字也就相继出现了。

随着语言的诞生,人们才能为各种事物命名和赋予意义,也使得人们的记忆力明显提升。

(二)陈述功能

所谓陈述功能,即语言被用于对事物与事件之间的关系进行说明的工具或手段。随着人类社会的进步,仅仅有对事物的命名显然不能满足人们交际的需要。这是因为,在日常生活中,人、事物、事件之间有着必然的关联,可能是外显的,也可能是内隐的,对于这些关联,最初人们采用了一些主谓句式或者"话题—评述"的功能语法结构等,从而形成一个个命题。但是通常来说,一个命题显然也是不够的,于是人们又创造了更多的命题,这时篇章就形成了。久而久之,人们就学会了对复杂命题的表达与陈述。

例如,当人们看见一群羊在吃草,一般就会说:"羊群在草地上吃草。"草地上的牧羊人跟我们打招呼:"嗨!你们好呀!"然后我们想把此事告诉家人,就会对家人说:"今天我们去了草原,在那里我们受到牧羊人的热情欢迎。"这个例子中既有单个的命题,也有多个命题构成的篇章。

(三)表达功能

所谓表达功能,即语言作为对主观感受进行表达的工具和手段,其可能是简单的词语,也可能是句子或者篇章。也就是说,语言可以作为人们表达某些喜怒哀乐的工具。

例如,当人们遇到喜事时,往往会说"Hurrah, we've won!";当人们遇到恐怖情况时,往往会说"Oh, how horrible!";当人们对某件事表达赞同时,往往会说"OK, you can go."

除此之外,语言的表达功能还可以帮助人们仔细推敲韵律、词句结构等,从而将内心情感效果传达出来,如散文就是很好的例子。

(四)认知功能

所谓认知功能,即语言作为思考的工具或手段,这是一个非常重要的功能。人们的思维活动往往将语言作为载体,这在之前的定义中已经有所提及。也就是说,一切抽象、复杂的思维都离不开语言,语言可以帮助人们分析与思考,从而使人们的智力越来越发达,创造出更多的精神与物质文明。

例如,当牛顿看见苹果从树上掉落下来时,勤于思考的他竟然苦苦思索:"Why does the apple fall down to the ground instead of flying up toward the sky? What force is it that make it fall down?"当我们走在街头忽然发现前方道路上围了一堆人时,我们往往禁不住会想:"发生了什么事?噢,可能出事故了,有人受伤吗?"可见,人们进行思维时,就是在对客观世界进行认知,而语言在人们的思维活动中发挥着认知的功能。

第二节 语言学

有人说,语言不就是人们"司空见惯"的声音吗?这种观点显然是错误的。语言并不像人们想象得那样简单,其是一门值得人们为之奉献一辈子的学问,这就是所谓的语言学。本节就基于上述对语言的探讨来进一步分析什么是语言学以及语言学的其他相关知识。

第一章　导论

一、语言学的内涵与内容

对于什么是语言学,一般认为:"语言学是一门与语言密切相关的学科,是对语言进行科学研究的学科。"[1]

通过对上述的定义分析可以明确,语言学研究的对象是人类的语言,并且明确回答了两大问题。

其一,语言是什么?

其二,语言是如何运作的?

除了这两大问题,语言学还考虑与语言相关的一些情况。例如:

其一,语言为何会发生变化,受什么因素的影响?

其二,不同的语言会存在某些共性特征吗?

其三,儿童是如何习得语言的?

可见,语言学这门学科是非常有趣的。在语言学诞生初期,很多人批判"语言学是一门学科"的学说,但是随着研究的深入,对于这一学说的批判逐渐淡化,直至消除,这说明人们承认"语言学是一门学科"。从这一学说中不难发现,语言学的研究正在蓬勃发展,且逐渐使其有理有据。

当然,在语言学的研究中,有着自身研究的核心,具体可以归纳为如下四点。

(1)语言学将有关语言的各项基础知识涵盖在内,如语音、词汇、句法、语篇等。

(2)语言学具有实用性与广泛性,其在国际交流与贸易中意义非凡。语言学所涉及的词汇、语法知识具有极其重要的价值,对于跨文化交际的顺利开展意义重大。一种语言的使用人群越广泛,其价值与效益也就越明显,这是一种经济与效益的良性循环。

(3)语言学对交流方式进行研究和探讨。在不同语境下,由于人们所扮演的交际角色不同,说话语气、表达形式也必然不同,

---

[1] 廖美珍.语言学教程(修订版)精读精解[M].成都:西南交通大学出版社,2009:13.

这些都需要具体问题具体分析。

（4）语言学在外语人才教育中也发挥了重要作用，其有助于学生理解语言，并对学生的实践能力与交际能力的培养也十分看重。

二、语言学的基本类型

（一）理论语言学与应用语言学

从研究的侧重点上来说，可以将语言学划分为理论语言学与应用语言学。前者主要对语言的一般理论展开研究，而从狭义层面进行的研究就是普通语言学，从广义层面进行的研究就属于个别语言学；后者是对语言在各个领域的实际运用情况展开研究的学科，其也可以划分为狭义与广义两类，狭义的应用语言学主要研究语言教学理论与方法，广义的应用语言学除了研究语言教学理论与方法外，还研究文字制定、词典编纂、信息传达处理、机器翻译等。可见，应用语言学的研究领域非常巨大，有人甚至将心理语言学、社会语言学、精神语言学、数理语言学等都包含在内。

（二）个别语言学与普通语言学

从研究的对象上来说，可以将语言学划分为个别语言学与普通语言学。前者主要对某一种语言加以研究，如对英语进行研究即为英语语言学，对汉语进行研究即为汉语语言学；后者主要对人类语言这一整体加以研究，以便从理论层面对语言的规律、特点等展开分析和探讨，因此可以将普通语言学称为"一般语言学"。

（三）语言的语言学与言语的语言学

这一观点以"现代语言学之父"——索绪尔（Ferdinand de Saussure，1857—1913）的观点为依据。索绪尔认为，语言的语言学主要研究的是"语言"这一唯一的对象，其中所涉及的"语言"

指的是音义结合的词汇系统与语法系统,是一种同质性、静态化的纯语言学。在索绪尔看来,语言的语言学是研究者首先应该重视和研究的。言语的语言学在当时只是索绪尔的一大设想,他认为言语的语言学是一种异质的、动态的语言学。

(四)内部语言学与外部语言学

内部语言学又可以称为微观语言学,外部语言学可以称为宏观语言学。前者是对语言系统内部各个要素展开的研究,如语音学、词汇学、语法学、语义学、语用学等;后者是与语言学相关的学科,如文化语言学、社会语言学、历史语言学等。

(五)共时语言学与历时语言学

共时语言学与历时语言学也是来自索绪尔的观点。前者主要是对语言某一时期能够被集体意识感觉到的各项要素及构成系统的要素之间关系的研究,是一种静态化研究;后者是对不被集体意识感觉到的连续的一个成分替代另一个成分间关系的研究,是一种动态化研究。历史语言学、历史比较语言学都属于历时语言学。

实际上,语言的语言学与言语的语言学、共时语言学与历时语言学、内部语言学与外部语言学都是来自索绪尔的观点,只不过索绪尔更强调语言的语言学与言语的语言学的研究。但笔者认为,现如今也应该对后面一些分类以及个别语言学与普通语言学、理论语言学与应用语言学等加以重视,以更好地了解语言学。

三、语言学的研究历程

(一)五个阶段

所谓五个阶段,指的是语文学、历史比较语言学、结构主义语言学、形式语言学、交叉语言学。

1. 语文学研究阶段

语文学是一门对古文献、古书面语进行研究的学问。众所周知，文字的发明标志着人类逐渐进入文明时代，千百年以来，人类祖先用文字留下了很多古文献。但是，随着时代的变迁，后人阅读这些古文献非常困难，这就需要有专门的人对其进行注解，目的是让后人能够读懂这些文献。

古印度、古希腊与古罗马、古中国被认为是语文学的三大源头。公元前 4 世纪，古印度学者巴尼尼对梵语诗歌集《吠陀》进行了整理和注解，并总结出了《梵语语法》。古希腊学者亚里士塔尔库斯对《荷马史诗》进行整理与编辑，其学生狄奥尼修斯·特拉克斯写出了《希腊语法》这一权威文献。在这些经验的基础上，古罗马学者瓦罗与多纳图斯继续研究拉丁语，瓦罗的《论拉丁语》被认为是一本权威著作，多纳图斯的《语法术》长期被当作标准课本。古中国的语文学研究非常独特，中国对文字十分考究，自秦朝以来，虽然有着纷繁复杂的方言，但是文字基本上是统一的，要想对古文献进行考究，必须围绕汉字的音形义展开，因此就诞生了文字学、音韵学、训诂学等，出现了很多相关的著作，如《说文解字》《广韵》《尔雅》等。

2. 历史比较语言学研究阶段

19 世纪初期，西方语言学者开始采用历史比较法对语言本身加以研究，并产生了"历史比较语言学"，早期称为"比较语法"。英国人威廉·琼斯（William Jones）最早发现了希腊语、梵语、拉丁语存在极大的相似性，因此就提出了"印欧语假设"这一论断，且这一论断逐渐成为历史比较语言学的先驱。德国著名的学者施列格尔（F. von Schlegel）也认识到梵语与欧洲许多语言存在相似性，因此提出"比较语法"，被认为是历史比较语言学的奠基者。之后，很多学者也基于此进行了研究，并建立了一套历史比较方法，能够探索出不同语言之间存在的亲属关系。

这些学者的研究使得语言学摆脱了传统的束缚,并成为一门独立的学科,也为普通语言学的研究奠定基础。19世纪中期,普通语言学诞生,其主要从理论上对人类语言的一般规律加以研究。其中德国著名学者洪堡特(Humboldt)是普通语言学的奠基者,其很多观点被后代学者继承。索绪尔是"现代语言学之父",他的学生对他的语言学观点进行总结,写出了《普通语言学教程》一书,该书起着划时代的意义。

3. 结构主义语言学研究阶段

索绪尔是结构主义语言学的鼻祖。他认为,语言学领域存在两种语言学,一种是语言的语言学,另一种是言语的语言学,这在之前已经做过论述,这里就不再多加赘述。同时,他认为语言本质上属于一种符号体系,语言学就是对这一符号体系加以研究,探究其内部结构的过程。

受索绪尔的影响,心理社会学派与结构主义语言学派两大学派诞生。前者以梅耶(Meilet)、巴利(Bally)为代表,认为语言是社会事实与心理现象的结合。后者分为三大派别:以雅各布逊(Jakobson)为代表的布拉格学派、以布龙达尔(Brondal)为代表的哥本哈根学派、以博厄斯(Boas)为代表的美国学派。布拉格学派强调索绪尔提出的语言社会观,重视从社会的视角研究语言,发挥语言的社会功能,从而在音位、音位区别层面做出了重大的贡献,因此又可以称为"功能派"。哥本哈根学派强调索绪尔提出的语言符号说,并将其发展到极端,认为语言是一种由内容与表达构成的符号,这一符号并不依赖于语音,也不依赖于现实世界,因此哥本哈根学派的研究并不是对语言结构的研究,而是对抽象的关系结构的研究。美国学派着重于对实际语言的记录与描写,他们对于语言的意义是非常排斥的。他们注重描写中的分布,并在此基础上对语言单位进行切分与组合,因此又可以将美国学派称为"描写派"。

4. 形式语言学研究阶段

结构主义语言学存在几十年,直到 20 世纪 50 年代中期,转换生成语法的诞生,才打破了结构主义语言学称霸的局面。著名学者乔姆斯基创立了转换生成语法。在乔姆斯基看来,对语言进行描写与分析的目的并不是在于对语言加以分类,而是为语言建构一种理论,研究人的语言的生成,即如何运用有限的成分、有限的规则生成无限的句子。

乔姆斯基的目标是建构一个能够产生所有句子的语法系统,其包含两大层面:生成、转换。

生成规则又包含两类:一类是短语结构规则,另一类是词汇插入规则。短语结构规则用一套符号来表达,如 S → NP + VP,NP → D + N,VP → V + NP 等。例如,"The boy posted the letter."这句话可以表示为图 1-1。

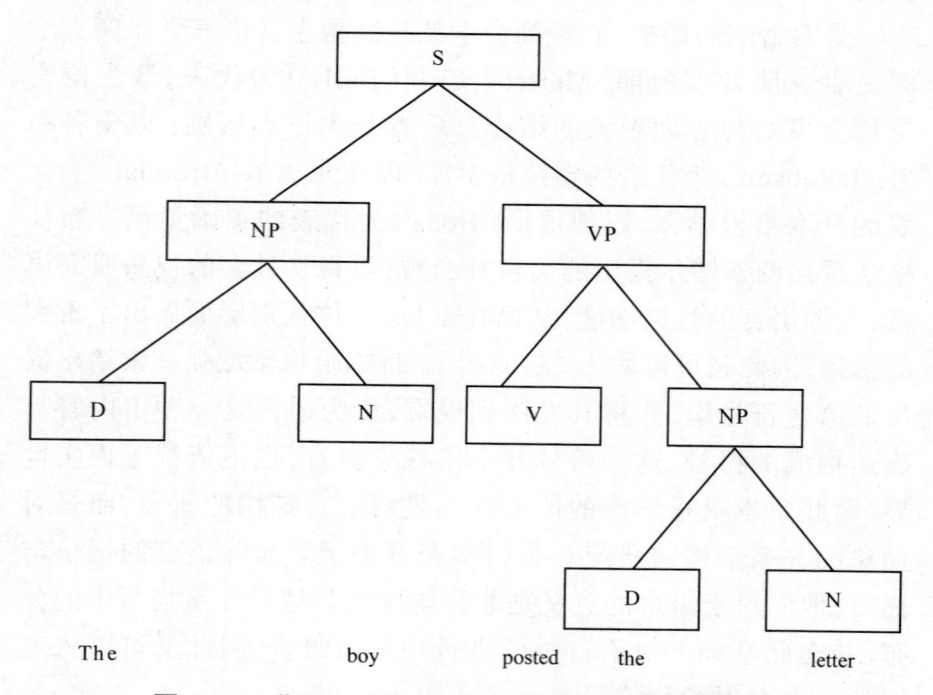

图 1-1　"The boy posted the letter."的分解图示

(资料来源:岑运强,2015)

词汇插入规则是合格句子得以生成的保障,即限制一个句子中的各个成分。例如,上例中的 posted 这个词之前的名词一定是生物名词,即人。如果不是生物名词,那么这个句子必然是不合格句子。例如,我们不能说"石块寄信""书本寄信"等。

转换主要是指对句子结构、句子形式所进行的转换。在初期的研究中,乔姆斯基对核心句子与非核心句子之间进行转换,如肯定句与否定句之间的转换等。随着研究的深入,乔姆斯基又提出表层结构与深层结构的转换。

在生成与转换中,乔姆斯基都采用了形式表达,因此乔姆斯基的转换生成语言学又可以称为"形式语言学"。就语义层面来说,乔姆斯基的形式语言学经历了四个阶段。

(1)经典理论阶段

语法包括三大组成部分。

其一,短语结构,由很多 A → B + C 的改写规则构成。

其二,转换结构,指一系列的转换规则,且每一条规则都包含两个步骤:一是分析;二是变化。

其三,形态音位,其由形态音位规则构成,当然也可以称为一系列的改写规则。

在这一阶段,乔姆斯基认为语法学有着自己的系统,不能将"有意义"与"合乎语法"这两个概念进行等同,音位二者有着本质的区别。

(2)标准理论阶段

随着语法研究更加深入,经典理论逐渐显露出自身的缺陷。因为从表面上看很多句子是合格的句子,但是在语义上并不合格,甚至解释不通。因此,乔姆斯基经过慎重的考量,将语义关系融入语法研究中。具体而言,标准理论的模式可以用图 1-2 表示。

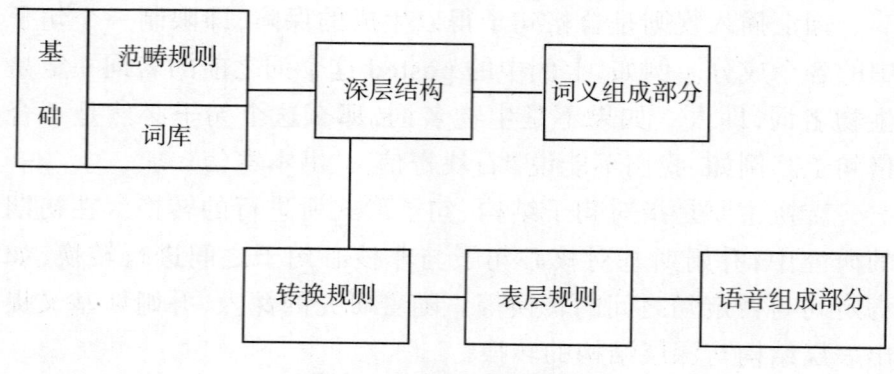

```
┌─────┬────────┐
│     │ 范畴规则 │      ┌────────┐      ┌──────────┐
│ 基础 ├────────┤ ───→ │ 深层结构 │ ───→ │ 词义组成部分 │
│     │  词库  │      └────┬───┘      └──────────┘
└─────┴────────┘           │
                           ↓
                    ┌──────────┐    ┌──────────┐    ┌──────────┐
                    │  转换规则  │ →  │  表层规则  │ →  │ 语音组成部分 │
                    └──────────┘    └──────────┘    └──────────┘
```

图 1-2 标准理论模式

（资料来源：刘颖，2014）

乔姆斯基的标准理论包含三个部分，即句法、语义与语音。其中句法部分有基础与转换两个部分，基础又有范畴与词库两个部分。句法部分对句子的结构进行了规定，分为表层与深层两大结构，前者输入语音部分，通过语音规则对语义加以传达，后者输入语义部分，通过语义规则对句子的意义加以传达。转换对语义并不会产生什么影响，通过转换获得的表层结构与语义之间也并不存在什么关联性，但是深层结构能够将所有的语义信息呈现出来。

（3）扩充式标准理论阶段

从上述的表述中可知，乔姆斯基的标准理论将深层结构与语义相关联，指出表层结构与语义没什么关系。但是，在下面的表述中，表层结构却能够对语义产生影响，甚至转换也会在某种程度上改变语义。

第一，否定词顺序、逻辑量词顺序会影响语义。

第二，译文转换会影响语义。

第三，转换对句子的语义会造成变化。

第四，only、even 等词在句子表层结构的位置不同，语义也会随之发生相应的改变。

因此，乔姆斯基将标准理论进行了完善，形成了扩充式标准理论。

（4）管辖与约束理论阶段

对于上述乔姆斯基的解释，很多人提出了问题，因此乔姆斯基又深入研究语法，提出了"管辖与约束理论"。在这一阶段，乔姆斯基认为，语法是组合的，可以对语法进行划分，这可以从两大系统来考量。

就规则系统来说，词库规则系统主要用于说明词项的特征，如它的语音特征、形态特征、语义特征等，当然其中还涉及两大规则——构词与冗余。在句法上，句法包含两个部分，就是基础与转换，前者就是短语结构规则的采用，后者是 X 价系统。

就原则系统来说，乔姆斯基将其重心放置于此，其包含很多理论，如上面说的 X 价系统、约束理论、管辖理论、格理论等。

他的这些学说适合计算机的运用，也克服了结构主义语言学只注重表层结构的弊端，但是其也脱离了社会语境，因此也存在缺点。

5. 交叉语言学研究阶段

随着社会的进步与发展，语言学与自然科学、社会科学等紧密联系在一起，它们彼此相互渗透，形成一些交叉性学科。例如，语言学与社会科学相融合，形成社会语言学；语言学与心理学融合，形成心理语言学；语言学与人类学融合，形成人类语言学等。

当前，人们不仅对微观语言学予以重视，对宏观语言学也加以重视，我们已经进入了一个交叉学科研究的时代。

(二)两条路线

所谓两条路线，是指"整齐论"与"参差论"之间展开的斗争。

1. 上古时期的两线斗争

围绕"名与实"的问题，西方与东方几乎同时出现了两线斗争。在西方，约公元前 469—公元前 399 年，苏格拉底的两个学生赫尔摩根与克拉底洛展开第一次争论，赫尔摩根提出"约定论",即名由人来定;克拉底洛提出"本质论",即名与实相对应。苏格拉底先支持了"本质论",后又支持"约定论",第二次争论要长于第一次争论。

之后,亚里士多德等人支持"约定论",并提出相应的"类比论",实际上都属于"整齐论",即注重规则与类似;而斯多葛学派则支持"本质论",并提出"不规则论",实际上都属于"参差论",即注重不规则与驳杂。

在我国,关于"名与实"的争论更早,可以追溯到孔子、老子、墨子时期,且各家的争论也有很多。

2. 中古时期的两线斗争

七八世纪巴施拉学派与苦法学派展开争论。在古希腊,巴施拉与苦法为两大著名城市,巴施拉学派强调古典阿拉伯语法,强调语言的严谨与整齐;苦法学派着重对游牧部落语言的研究,强调语言的参差差异。

十三四世纪摩迪斯泰学派与普利西安语法学派展开争论。摩迪斯泰学派强调对理论的研究,注重程式化,未考虑语言使用情境。普利西安语法学派强调对语言材料的研究,立足于文学文献,注重语言的实际运用。

3. 近古时期的两线斗争

17世纪唯理论学派与经验主义学派展开争论。唯理论学派认为语言是思想的表现,而思想是普遍性的,因此语言的语法也必然具有普遍性。在唯理论学派看来,语言是人的天赋,是人类理性的呈现,对语言的研究要从语言内部出发。经验主义学派认为人类的一切知识都是从外部感官印象而来,并不是理性的呈现,而是外部感官的呈现。

4. 现当代时期的两线斗争

现当代时期的两线斗争表现在"谱系论"与"波浪说"之间

的争论。"谱系论"学派认为,世界上存在不同语系,每一个语系必然存在其原始的语言,从原始语言这一树根出发,其他同系语言诞生并生出枝丫。因此,每一种语系就构成了一株谱系树。"波浪说"学派认为,语言之间的关系并不是如同树干与树枝那样,只要语言与其他语言进行接触,就会形成波浪式关系。

除了"谱系论"与"波浪说",还有青年语法学派与方言地理学派之间的争论。青年语法学派认为,语言规律没有例外情况,这是"整齐论"的精神体现。但方言地理学派则认为,每一个词都有着自己的历史,其观点与语言规律没有例外这一观点是对立的。

总而言之,"整齐论"强调语言的、内部的、共时语言,"参差论"强调语言的文化性与民族性。前者是一种偏向超理论、超社会、超形式的语言的语言学,是一种整体的、相对静态的内部语言学;后者侧重功能的、社会的言语的语言学,是一种不规则的、相对动态的外部语言学。前者善于运用公式法与推理法研究语言,后者善于运用调查法与统计法研究语言。

(三)三次解放

在对语言学历史总结的基础上,吕叔湘指出语言学的历史最初是为读古代书籍、学习写作服务的。

到了19世纪中期,历史比较学的兴起使得语言学得到第一次解放,从而寻求新的语言规律。但是这时,语言学仍旧被认为是历史科学的一个分支。

到了20世纪初期,以索绪尔为代表的学者强调从语言本身来研究语言,因此使得语言学得到了第二次解放。这一观点延续了半个多世纪,很多学者和流派也都从语言本身来研究语言,从而探讨语言的规律性。

20世纪50年代之后,一些学者不满足于将语言本身作为研究对象,而是指出应该将语言作为一种社会现象来研究,因此使得语言学得到了第三次解放,这在20世纪60年代表现得更为明显。

第三节 英语教学

在我国的高等教育中,英语是一门重要课程,而这门课程的内容与社会需要、国家需要、学生需要有着紧密的关系。对于英语教学的界定,可以从多个层面来理解与把握。为了对此概念有更好的认识,下面从多个层面展开分析。

一、什么是英语教学

作为一项活动,教学贯穿整个人类社会的生产与发展过程。也就是说,教学在原始社会就产生了,只不过原始社会将教学与生活本身视作一回事,并不是将教学视作独立的个体。但是,随着社会的不断发展,教学逐渐独立出来,成为一个单独的形态存在,并对人们的生产生活产生着重要的影响。由于角度不同,人们对教学概念的理解也不同,因此这里从常见的几个定义出发进行解释。

有人认为教学即教授。从汉字词源学上分析,"教"与"教学"有着不同的解释,但是从我国教育活动中,人们往往习惯从教师的角度对教学的概念进行解释,即将教学理解为"教",因此"教学论"其实就等同于"教论"。

有人认为教学即学生的学。有些学者从学生"学"的角度对教学进行界定,认为教学是学生基于教师的指导对知识进行学习的过程,从而发展学生自身的技能,形成自身的品德。

有人认为教学即教师的教与学生的学,即教师与学生将课程内容作为媒介,为了实现共同的目标,彼此共同参与到活动中。也就是说,教学不仅包含教,还包含学,教与学是同一过程的两个方面,彼此相辅相成,不可分割。教学的根本目的在于促进学生的进步和发展。因此,这一观点是对前面两个观点的超越。

有人认为教学即教师教学生学。这一观点主要强调的是教师指导学生"学习",即教师"教学生学",而不是简单的"教师教与学生学"这一并列的概念。也就是说,这一观点强调教师要教会学生学习,重视对学生学习方法的传授等,让学生学会自主学习。

英语教学的作用有很多,可以概括为如下几点。

第一,英语教学是以有目的、有计划的组织形式进行知识经验的传授,这有助于保证教学活动良好的节奏与秩序,从而提升教学的效果。各项规章制度对教学行为进行规范,使教学活动更具有整齐性与系统性,避免随意与凌乱,最终使教学变成一个专业性极强的特殊活动。

第二,英语教学研究者考虑知识的构成规律,经过科学的选择,将内容按照逻辑顺序编纂成教材,英语教师根据这样的教材进行教学,有助于学生认识世界,这要比学生自己选择知识更具有优越性。

第三,英语教学是教师在精心安排与引导的过程中进行的,其可以避免学生自身学习的困难,帮助他们解决具体的问题。同时,英语教师会选择最优的方式展开教学,这保证了学生学习的每一步都能顺利开展。

第四,英语教学不仅仅是为了传授知识,其要完成全方位的任务,既包含知识的获得、能力的提升,又包括个性特长的发展、品德的完善,这种全方位的发展只有通过英语教学才可以实现。

综上所述,可以将英语教学概括为:教师依据一定的英语教学目的与教学目标,在有计划的、系统性的过程中,借助一定的方法和技术,以传授英语知识为基础,促进学生整体素质发展的教与学相统一的教育活动。

二、英语教学的目的

(一)满足社会需求

时代不同,社会对英语人才的需求必然也存在差异性,因此英语教学的模式也必然存在差异。近些年,随着全球化的推进,国与国之间的交往更为紧密,这就需要英语发挥中介与桥梁的作用。英语运用得是否流利、准确,直接影响着交际的开展。因此,21世纪对英语人才的需求更大,要求更高。因此,开展英语教学显得更为必要,与21世纪的社会需求相符,也有助于培养出高标准的英语人才。

（二）迎合社会发展趋势

在当今大时代背景下,国与国之间的交往日益频繁,这就要求高校学生应该努力学习语言与文化知识,获取语言与文化技能。世界是一个地球村,经济全球化使得交际呈现多样性,因此在英语教学中,教师除了让学生提升自身的语言能力,还应该让其提升自身的跨文化交际能力,应对交际中出现的各种变化。另外,随着多元社会的推进,要求交际者应该具备一定的合作能力与意识,无论是生活在什么文化背景中,都应该为社会的进步努力,树立自己的文化意识,用积极的心态去认识世界。可见,英语教学中的跨文化交际教学将英语的价值充分地体现出来,学生对跨文化交际知识的学习也与社会的发展相符,是中西文化交流不断推进的必由之路。

（三）实现素质教育

现如今,我国对于素质教育非常推崇。作为一门基础课程,英语教学也是素质教育,乃至文化素质教育的重要项目。英语教学是实现素质教育的一个重要工具,也可以说是一个主要渠道。这是因为,英语教学除了知识传授外,还包括文化素质与文化思维的培养,这与跨文化教学的要求有异曲同工之妙。因此,在教学中,教师必须将语言与文化的关系处理好,引入西方国家文化,汲取其中的有利成分,发扬我国的文化。

三、英语教学的本质特点

(一)系统性与计划性

这种系统性主要体现在英语教学制定者的工作中,如教育行政机构、教研部门和学校的教学管理者等的工作。英语教学的计划性指的是对英语基础知识的计划性教学,如英语语音、词汇、语法、写作、阅读等具体知识和技能的传授。

(二)以课程内容为媒介

在教师教与学生学之间,课程内容充当中介与纽带的作用。师生围绕这一纽带开展教学活动。因此,英语课程内容是教学活动能否开展的必要条件。

(三)建构意义

英语教学活动的目的在于促进学生的全面发展,实际上这一目的实现的过程就是学生不断建构知识意义的过程,即学生对原有知识与经验进行重组,对新知识的意义加以建构的过程。在实际的学习中,学生只有将新旧知识的意义结合起来,才能真正地学好知识,掌握知识。

(四)目的性与计划性

说英语教学具有计划性、目的性,主要是在于教师是为了让学生获得知识与技能,实现多层面的发挥。在教学活动中,教师需要从教学任务与教学目的出发,将课程内容作为媒介,通过各种方法、手段等引导学生进行交往与交流,促进学生的全面发展。

四、英语教学的基本原则

作为通用型语言,英语的作用不言而喻。但是在具体的英语教学中,存在着种种弊端,因此这就要求英语教学应该坚持一定的原则。英语教学原则是从英语教学的任务与目的出发,基于教学理论的指导,经过长期实践总结出来的教学经验。这些教学原则是教师对教材进行处理、选用科学的教学方法、提升自身教学质量的指南针。

(一)可行性原则

英语教学中的教学设计是为课堂教学所做的系统规划,要使其真正成为现实,必须具备两个可行性条件:一是符合主客观条件,二是具有可操作性。

符合主客观条件是教师实施教学设计的重要条件,主观条件是指教师应考虑学生的年龄特点、已有知识基础及生活经验;教师只有遵循学生的认知规律,尊重学生身心发展的特点,立足学生的生活经验和学习基础,在综合分析的基础上进行教学设计,才能增加设计的针对性,更具有实效性。如果教学设计背离了学生的年龄特点,超出了学生的认知能力范围,脱离了生活实际,是不可行的。

客观条件是指教师进行教学设计需要考虑教学设备、地区差异等因素。教师首先要了解学校所处的地域环境和教学条件、学生的学习能力等客观因素,了解学校能够提供什么样的教学设施。教学的环境和条件、学生的学习能力是教师进行教学设计的重要参考。如果教师不考虑教学的客观条件,只凭自己的主观设计,不考虑地域、学生的差异,把目标拔得太高,教学设计也是无法落实的。

具有可操作性是教学设计应用价值的基本体现。教学设计的出发点是为指导教学实践做准备,应能指导具体的教学实践,而不是理想化地设计作品。教师的教学设计要在教学实践中检验,去验证设计的理念是否正确,方法是否恰当,学生的学习效果是否满意,这样才能体现教学设计指导教学的作用。

（二）互动性原则

根据生态的基本观点,任何事物都处于一定的关系中,学校是教育生态系统的子系统,在学校这个子系统中,教师与学生作为其中的两个因子相互作用与交往。教师与学生之间是一种以学生最终的发展为目的而联系在一起的共生关系。教学过程中信息的传递是相互的、双向的。如果教师与学生之间的互动保持相对平衡、有序,他们才能有效发挥各自的作用,进而实现和谐统一的发展。如果教师和学生之间的互动被打破,那么教育要素之间的平衡也会被打破,这不仅会损害师生自身的发展,也会损害整个学校甚至整个教育的发展。师生之间的交流与沟通是一种连续不中断的过程,在不断的动态变化发展中寻找平衡点。教师不断提高自身的教学水平与理论水平,从而应用到教学实践中,促进学生的可持续发展。学生获得的成绩也体现了教师的价值,并且是对教师的一个鼓励。因此,在英语教学中,师生之间是一种相互依存、共同发展的关系。

（三）情境性原则

课堂教学环境对于教学活动的顺利展开有着很大的影响。学生的注意力集中水平有限,英语教师更应该注意课堂教学环境的建设。一般来说,课堂教学环境分为人文环境、语言环境、自然环境。

（1）人文环境。人文环境主要通过师生之间的情感交流与互动氛围体现出来,它是一种隐形的环境。学生缺乏人际交往经验,所以英语教师应该在营造人文环境方面起主导作用。教师要通过倡导师生之间的平等交流以及歌曲、游戏、表演等方式,来营造一种自由、开放的人文环境,打开学生的心灵,促进学生的英语学习。

（2）语言环境。根据认知发展心理学,学生需要借助具体事物来辅助思维,不容易在纯粹语言叙述的情况下进行推理,他们只能对当时情境中具体事物的性质与各个事物之间的关系进行思考,思维的对象仅限于现实所提供的范围,他们可以在具体事物的帮助下顺利解决某些问题。语言与认知的发展是相互促进的。个体语言能力是在个体与环境相互作用的过程中逐渐发展起来的。语言环境对于外语学习非常重要,而中国学生没有现成的语言环境,因此大学阶段的英语教学应该创设具体、直观的语言情境。为此,教师要充分利用与开发电视、录像、录音、幻灯片等教学手段,设计真实的语言交流情境,使学生在运用语言的过程中学习与掌握语言。

（3）自然环境。课堂教学的自然环境主要指课堂中教学物品、工具的呈现方式。其一,要求让教师与学生之间进行更加亲近的交流,教师应该设置开放的桌椅摆放方式,应该摒弃那种教师高高在上、学生默默倾听的桌椅摆放方式。其二,要求教室的布置应该取材于真实的生活场景,这不仅拉近了学生与课堂教学的距离,也使得学生更容易理解英语,也有助于创造英语语言交流的环境。

（四）开放性原则

英语教学的一个重要特征就在于开放性,其体现为如下两个层面。

第一,教学资源的开放性。英语教学资源不仅来自于教材,还源于学生的课外生活。当然,教学资源都是经过筛选的,选择的依据就是师生之间的知识交流、情感传递。换句话说,教学主体在日常生活中进行生活体验,并不断总结经验教训,然后积极构建出相关的知识,真正实现课堂教学的知识在生活中的运用。

第二,教学主体的开放性。在英语教学中,教师与学生不断地重复信息传递与信息接收的过程,进行着持续的互动交流,教师与学生有着巨大的差异性,主要体现在生活阅历、知识水平、情感态度等层面。教师会无意识地将自己的知识水平、生活阅历、情感态度等带入实际教学活动中,同时学生根据自身发展特点有选择性地吸收。因此,伴随着课堂教学活动的是教师与学生之间的信息流动。

第二章 语言学理论指导下的英语教学

众所周知,英语教学的主要目的是让学生充分掌握英语这门语言,从而利用该语言展开顺利的交流。英语作为一种语言,在学习与教学的过程中必然要受到语言学理论的影响。为此,本章就来研究语言学理论指导下的英语教学。

第一节 语言学流派及英语教学法

一、语言学流派

(一)奥斯汀的言语行为理论

奥斯汀(Austin)的言语行为理论首次将语言研究从传统的句法研究层面分离开来。奥斯汀从语言实际情况出发,分析语言的真正意义。言语行为理论主要是为了回答语言是如何用之于"行",而不是用之于"指"的问题,体现了"言"则"行"的语言观。奥斯汀首先对两类话语进行了区分:表述句(言有所述)和施为句(言有所为)。在之后的研究中,奥斯汀发现这种分类有些不成熟,还不够完善,并且缺乏可以区别两类话语的语言特征。于是,奥斯汀提出了"言语行为三分说",即一个人在说话时,在很多情况下,会同时实施三种行为:以言指事行为、以言行事行为和以言成事行为。

首先是表述句和施为句。

其一，表述句。以言指事，判断句子是真还是假，这是表述句的目的。通常，表述句是用于陈述、报道或者描述某个事件或者事物的。例如：

桂林山水甲天下。

He plays basketball every Sunday.

以上两个例子中，第一个是描述某个事件或事物的话语；第二个是报道某一事件或事物的话语。两个句子都表达了一个或真或假的命题。

换句话说，不论它们所表达的意思是真还是假，它们所表达的命题均存在。但是，在特定语境中，表述句可能被认为是"隐性施为句"。

其二，施为句。以言行事是施为句的目的。判断句子的真假并不是施为句表达的重点。施为句可以分为显性施为句和隐性施为句。其中，显性施为句指含有施为动词的语句，而隐性施为句则指不含有施为动词的语句。例如：

I promise I'll pay you in five days.

I'll pay you in five days.

这两个句子均属于承诺句。它们的不同点是：第一个句子通过动词 promise 实现了显性承诺；而第二个句子在缺少显性施为动词的情况下实施了"隐性承诺"。

总结来说，施为句主要有如下几个特点。

第一，主语是发话者。

第二，谓语用一般现在时第一人称单数。

第三，说话过程非言语行为的实施。

第四，句子为肯定句式。

隐性施为句的上述特征并不明显，但能通过添加显性特征内容进行验证。例如：

学院成立庆典现在正式开始！

通过添加显性施为动词，可以转换成显性施为句：

（我）（宣布）学院成立庆典现在正式开始！

第二章　语言学理论指导下的英语教学

通常,显性施为句与隐性施为句所实施的行为与效果是相同的。

其次是言语行为三分法。奥斯汀由于表述句与施为句区分的不严格以及其个人兴趣的扩展,很难坚持"施事话语"和"表述话语"之间的严格区分,于是提出了言语行为的三分说:以言指事行为、以言行事行为和以言成事行为。指"话语"这一行为本身即以言指事行为。指"话语"实际实施的行为即以言行事行为。指"话语"所产生的后果或者取得的效果即以言成事行为。换句话说,发话者通过言语的表达,流露出真实的交际意图,一旦其真实意图被领会,就可能带来某种变化或者效果、影响等。

言语行为的特点是发话者通过说某句话或多句话,执行某个或多个行为,如陈述、道歉、命令、建议、提问和祝贺等行为。并且,这些行为的实现还可能给听者带来一些后果。因此,奥斯汀指出,发话者在说任何一句话的同时应完成三种行为:以言指事行为、以言行事行为和以言成事行为。例如:

我保证星期六带你去博物馆。

发话者发出"我保证星期六带你去博物馆"这一语音行为本身就是以言指事行为。以言指事本身并不构成言语交际,而是在实施以言指事行为的同时,也包含了以言行事行为,即许下了一个诺言"保证",甚至是以言成事行为,因为听话者相信发话者会兑现诺言,促使话语交际活动的成功。

(二)格赖斯会话分析理论

要想了解会话含义,首先需要弄清楚什么是含义。从狭义上说,有人认为含义就是"会话含义",但是从广义角度上说,含义是各种隐含意义的总称。含义分为规约含义与会话含义。格赖斯认为,规约含义是对话语含义与某一特定结构间关系进行的强调,其往往基于话语的推导特性产生。

会话含义主要包含一般会话含义与特殊会话含义两类。前者指发话者在对合作原则某项准则遵守的基础上,其话语中所隐含的某一意义。例如：

（语境：A 和 B 是同学，正商量出去购物。）

A：I am out of money.

B：There is an ATM over there.

在 A 与 B 的对话中，A 提到自己没钱，而 B 回答取款机的地址，表面上看没有关系，但是从语境角度来考量，可以判定出 B 的意思是让 A 去取款机取钱。

特殊会话含义指在交际过程中，交际一方明显或者有意对合作原则中的某项原则进行违背，从而让对方自己推导出具体的含义。因此，这就要求对方有一定的语用基础。

提到会话含义，就必然提到合作原则，其是会话含义的最好的解释。合作原则包括下面四条准则。

其一，量准则，指在交际中，发话者所提供的信息应该与交际所需相符，不多不少。

其二，质准则，指保证话语的真实性。

其三，关系准则，指发话者所提供的信息必须与交际内容相关。

其四，方式准则，指发话者所讲的话要清楚明白。

（三）布鲁纳的认知主义学习理论

认知主义学习理论认为，学习个体本身会对环境产生这样或那样的作用，大脑的活动过程能够向具体的信息加工过程转化。布鲁纳、苛勒、加涅和奥苏贝尔等是认知主义学习理论的主要代表人物。

人要在社会上生存，必然要与周围环境互相交换信息，作为认知主体的人也会与同类发生信息交换的关系。人是信息的寻求者、形成者和传递者，从一定意义上来讲，人的认识过程也就是信息加工的过程。

认知学习理论的基本观点为，在外界刺激和人内部心理过程的相互作用下才形成了人的认识，而不是说只通过外界刺激就能形成人的认识。依据这个理论观点,可以这样解释学习过程,即学生从自己的兴趣、需要出发,将所学知识与已有经验利用起来对外界刺激提供的信息进行主动加工的过程。

从认知学习理论的基本观点来看,教师不能简单地将知识灌输给学生,而要将学生的学习动机激发出来,对学生的学习兴趣进行培养,使学生能够将已有的认知结构和所要学的内容联系起来。学生的学习不再是被动消极的,而是主动选择与加工外界刺激提供的信息。

认知主义学习理论认为,影响学生学习的因素中,学生自身已有的认知结构具有非常重大的影响,在教学中应将教学内容结构直观地展示给学生,让学生对各单元教学内容之间的相互关系有深入的了解。

(四)维果斯基的建构主义学习理论

行为主义学习理论和认知主义学习理论都认为世界是实在的、有结构的,人类可以认知这种结构,对客观实体及其结构的反映是人们思维的主要目的。

建构主义学习理论认为个体与外部环境的交互作用使得知识得以产生,人们会从自己的已有经验出发来理解客观事物,每个人对知识都有自己的理解和判断。维果斯基、皮亚杰等是建构主义学习理论的主要代表人物。

行为主义学习理论、认知主义学习理论和建构主义学习理论对知识的观点不同,这是它们之间的本质区别。

客观主义学习理论主张"灌输知识",这是错误的。给学生准确传递知识是教学的主要任务,知识作为具体"实体",它的存在具有独立性,而不依赖于人脑,人要真正理解知识,首先要将知识完全"迁移"到大脑中,并使其进入自己的内心活动世界。

每个人都可以按照自己的认知与想法来理解客观存在的世界,并赋予其一定的意义。建构现实或解释现实是建立在主观经验基础上的。每个人都用自己的头脑创建了经验,因为各有各的经验,所以基于经验而对客观世界的理解也有一定的差异。建构主义更关注在知识的建构中,如何将原有经验、心理结构有效利用起来。

　　建构主义学习理论认为,学生是在一定情境下,通过自己的主观参与,同时借助他人的帮助,通过意义建构的方式而获得知识的,而不是通过教师传授得到知识的。

　　建构主义教学理论则要求教师在学生主动建构意义、获取知识的过程中起到帮助和促进的作用,而不是给学生简单灌输和传授知识。因此在教学过程中,教师首先要转变教育思想,改革教学模式。学生是在一定的学习环境下获取知识的,学生在获取知识过程中需要主观努力,也需要他人帮助,而且也离不开相互协作的活动。建构主义学习理论要求有利于学生获取知识的学习环境应具备情境创设、协作、会话、意义建构等基本属性或要素。下面具体分析这四个基本要素。

　　学习环境中必须要有对学生意义建构有利的情境。在建构主义学习环境下,教师要基于对教学目标的分析与对学生建构意义的情境创设问题的考虑而设计教学过程,并在教学设计中把握好情境创设这个关键环节。

　　在学生的整个学习过程中都离不开协作,如学生搜集与分析学习资料、提出和验证假设、评价学习成果及最终建构意义等都需要不同形式的协作。

　　在协作过程中,会话这个环节是不可或缺的。学习小组要完成学习任务,必须先通过会话来商讨学习的策略。学习小组成员之间协作学习的过程也是相互不断会话的过程,在这个过程中,学生的学习资源包括智慧资源都是共享的。

　　学习过程的最终目标就是意义建构。建构的意义指的是事物的本质、原理以及事物与事物之间的内在联系。帮助学生在学习中建构意义,就是帮助学生深刻理解学习内容反映的事物的本质、原理及其与其他事物之间的内在联系。

（五）克拉申的二语习得理论

除了对第一语言习得的关注，心理语言学对第二语言习得也非常注重。所谓第二语言习得，即人们的第二语言的形成与发展的过程，其与第二语言学习有所不同，各有侧重。

作为一门独立的学科，二语习得理论真正形成于 20 世纪 70 年代。该理论的主要代表人物是美国南加州大学语言学系的教授克拉申（S. Krashen）。克拉申是在总结自己和他人经验的基础上提出这一理论的。

二语习得理论于 20 世纪六七十年代形成，主要对二语习得的过程与本质进行研究，描述学生如何对第二语言进行获取与解释。对于这一理论的研究，学者克拉申做出了巨大贡献，并提出五大假设。

1. 习得－学得假说

所谓习得，指学生不自觉地、无意识地对语言进行学习的过程。所谓学得，即学生自觉地、有意识地对语言进行学习的过程。"习得"与"学得"的区别如表 2-1 所示。

表 2-1　语言的习得与学得的不同

	习得	学得
输入	自然输入	刻意地获得语言知识
侧重	语言的流畅性	语言的准确性
形式	与儿童的第一语言习得类似	重视文法知识的学习
内容	知识是无形的	知识是有形的
学习过程	无意识的、自然的	有意识的、正式的

（资料来源：何广铿，2011）

2. 自然顺序假说

克拉申提出的这一假说主要强调语言结构的习得是需要一定的顺序的，即根据特定的顺序来习得语法规则与结构。当然，这也在第二语言习得中适用。例如,克拉申常引用的词素习得顺序,如图 2-1 所示。

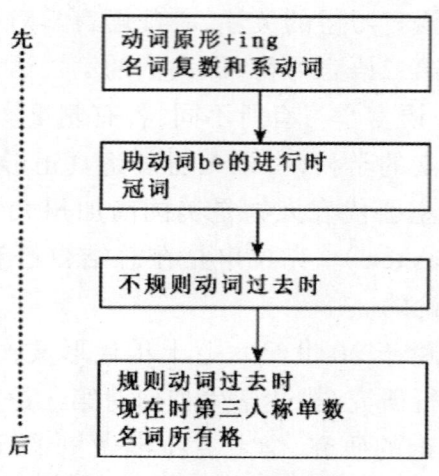

先
```
┌─────────────────┐
│ 动词原形+ing    │
│ 名词复数和系动词 │
└─────────────────┘
         ↓
┌─────────────────┐
│ 助动词 be 的进行时 │
│ 冠词             │
└─────────────────┘
         ↓
┌─────────────────┐
│ 不规则动词过去时 │
└─────────────────┘
         ↓
┌─────────────────┐
│ 规则动词过去时   │
│ 现在时第三人称单数│
│ 名词所有格       │
└─────────────────┘
```
后

图 2-1　词素习得顺序图

（资料来源：何广铿,2011）

由图 2-1 可知,将英语作为第二语言习得过程中,人们对进行时的掌握是最早的,过去时是比较晚的,对名词复数的掌握是比较早的,对名词所有格的掌握是比较晚的。

3. 监控假说

克拉申的监控假说区分了习得与学得的作用。前者主要用于输出语言,对自己的语感加以培养,在交际中能够有效运用语言。后者主要用于对语言进行监控,从而检测出是否运用了恰当的语言。

同时,克拉申认为学得的监控是有限的,受一些条件的影响和制约,具体归纳为如下三点。

第一,需要时间的充裕。

第二,需要关注语言形式,而不是语言意义。

第三,需要了解和把握语言规则。

在这些条件的制约下,克拉申将对学生的监控情况划分为三种。

第一,监控不足的学生。
第二,监控适中的学生。
第三,监控过度的学生。

4. 输入假说

克拉申的输入假设和斯温(Swain)的输出假设是从两个不同的侧面来讨论语言习得的观点,都有其合理成分,都对外语教学有一定的启示。输入假说的内容主要有以下几点。

其一,与习得有着紧密关系而非学得。
其二,掌握现有的语言规则是前提条件。
其三,i+1模式会自动融入理解中。
其四,语言能力是自然形成的。

5. 情感过滤假说

"情感过滤"是一种内在的处理系统,它在潜意识上以心理学家们称之为"情感"的因素阻止学习者对语言的吸收,它是阻止学习者完全消化其在学习中所获得的综合输入内容的一种心理障碍。

克拉申的情感过滤假说是指在第二语言习得中,将情感纳入进去。也就是说,自尊心、动机等情感因素会对第二语言习得产生重要影响。

克拉申把他的二语习得理论主要归纳为两条:习得比学习更重要;为了习得第二语言,两个条件是必须的:可理解的输入(i+1)和较低的情感过滤。

二、英语教学法

(一)翻译法

翻译法(Translation Method)又叫"语法翻译法",在我国最早叫"译授法",是教文字的方法。翻译法是中世纪欧洲人学习希腊文和拉丁文所采用的方法。[①] 到 18、19 世纪，欧洲学校开设现代外语课，现代外语教学就自然地沿用了当时教古典语的方法，它是外语教学里历史最久的教学法。

1. 翻译法的特点

翻译法分为语法翻译法和词汇翻译法。翻译教学法的共有特点如下所示。

（1）用母语组织教学。讲到一个词汇就用母语解释，讲到一个句子就用母语翻译。

（2）以传统的语法和词汇教学为中心。讲语法先讲解语法规则，然后用例句进行操练，加深理解。讲解词汇就用母语解释其用法，课文的讲解就是由这些语法和词汇讲解所构成。

2. 翻译法的优点

翻译法是外语教学中最悠久的教学法，它有以下优点。

（1）用翻译法解释语法和词汇，能使学生更好地理解抽象词的应用和较为复杂的句子。

（2）在教学运用方面不需要特别的设备，只要一本教科书就行了。

3. 翻译法的缺点

翻译法最大的缺点就是不利于语言的应用和交流。学生虽然掌握了不少的语法知识和词汇，却不能进行口语交流，连起码的听力都成问题，因为翻译法不注重语音、语调的学习，教学中只是简单地罗列规则。另外，翻译法强调背诵，课堂气氛单调，不利于调动学生学习的积极性。

（二）直接法

直接法产生于 19 世纪工业和科技迅速发展的欧洲。欧洲各

---

① 詹丽芹，曹少卿. 英语课程与教学论 [M]. 北京：北京大学出版社，2012：36.

第二章　语言学理论指导下的英语教学

国争相寻找市场,开拓殖民地,于是对学习外语口语提出了新的要求。传统的翻译法不能满足需要,在外语教学要求改革的呼声中,直接法应运而生。直接法(Direct Method),顾名思义,就是直接教外语的方法。"直接"包含三个方面的意思:直接学习,直接理解,直接应用。它通过外语本身进行的会话、交谈和阅读来教外语,基本不用母语,不用翻译和形式语法。[①] 第一批词的词义是通过指示实物、图画或演示动作等来讲解的。

1. 直接法的特点

（1）学习外语和学习母语是完全一样的,是在自然环境中习得的。

（2）在外语和客观事物间直接建立联系。不用或少用母语,避免母语的干扰。

（3）学习外语就是通过不断的模仿和机械练习,最后达到熟能生巧的程度。

（4）不注重语法学习,把它放在次要位置,讲语法主要是通过归纳法,不用演绎法。

（5）句子是教学的基础,只是背诵现成句子,不求分析句子和词与词的关系。

（6）强调语音和口语教学,外语教学从口语着手,在听说基础上再学读写,最后达到听、说、读、写的全面发展。

2. 直接法的优点

（1）重视语音、语调和口语教学,有利于学生听说能力的培养。

（2）注重模仿、朗读和熟记等实践练习,有助于培养学生的语言技巧,有助于培养正确的语言习惯。

（3）重视使用直观教具,有助于吸引学生的注意力,激发他们学习外语的兴趣和积极性,帮助他们组织思维,加速建立外语

---

① 詹丽芹,曹少卿.英语课程与教学论[M].北京:北京大学出版社,2012:37.

和客观事物的直接联系。

（4）重视以句子为单位的外语教学,有利于培养学生直接运用外语的能力。

3. 直接法的缺点

（1）把外语学习与母语学习混为一谈,忽视了在母语环境中学习外语的客观事实,把外语学习过于简单化,完全否认了母语在学习外语中的作用。

（2）把幼儿学习母语与学生学习外语等同,忽视了不同年龄的认知差别。

（3）忽略了语法作用,过分强调模仿和记忆,不能达到活学活用的目的。

（三）听说法

听说法（Aural-Oral Method）也叫"句型教学法",产生于二战时的美国。二战爆发后,美国派出大量士兵出国作战,需要士兵掌握所去国的语言,因此成立外语训练中心,研究外语教学方法,编写外语课本。[1]由于他们要求的是听和说,训练方法也是听和说,听说法就这样产生了。

1. 听说法的特点

听说法的特点,概括起来有以下几点。

（1）听说领先,读写在其后。语言的学习起初要强调听说,在听说的基础上再进行读写的训练。

（2）教学中以句型教学为中心。语言技能的培养是以熟练掌握句型为基础的,在教学中要让学生通过反复操练,达到自动运用每一个句型的能力。

（3）反复实践,形成习惯。听说法认为语言习得的过程犹如

---

[1] 黎茂昌,潘景丽.新课程英语教学理论与实践[M].成都：四川大学出版社,2011：19.

第二章 语言学理论指导下的英语教学

动物的行为一样,是一种刺激—反应的过程,学习外语同学习母语一样,要靠大量的练习和反复实践,养成一套新的习惯。语言知识和理解能力在这里起不了多大的作用。

(4)少用母语。只有在不得已情况下使用母语,通常情况下是利用上下文、所学外语、直观教具等方法释义。

(5)广泛使用现代电化教学方法,如语音室、多媒体等。

(6)对比两种语言结构,确定外语教学难点。把外语和母语进行对比,找出它们在结构上的异同之处,以确定外语教学的难点。

(7)及时纠正错误,培养正确的语言习惯。强调学生从学习外语的第一天起,无论是语音、词汇还是句型,都要理解得确切,模仿得准确,表达得正确,不放过任何性质的错误。一旦发现错误,就要及时纠正,以便使学生养成正确运用外语的习惯。

2. 听说法的优点

(1)重视听说,有利于培养学生的语言应用能力。

(2)以句型为中心,使学生能掌握正确的表达方式,有利于语言习惯的养成。

(3)有利于学生形成正确、地道的语音、语调。

(4)比较两种语言,有利于学生确定学习难点,做到有的放矢。

3. 听说法的缺点

(1)机械练习语言的形式,不利于学生在具体的环境下正确使用语言,语言学习显得僵化。

(2)重形式轻内容,学生不能正确了解句子的含义。

(3)练习形式过于单调,容易使学生对学习产生厌倦。

(四)自然法

自然法(the Natural Approach)是美国爱尔温加州大学特雷尔(Terrel)和美国南加州大学应用语言学家克拉申在20世纪70

年代末到 80 年代初提出的一种教学方法。[①]

1. 自然教学法的基本步骤

在英语教学中，自然教学法具有四大特点：真实舒适的环境、积极的学习状态、以学生为主体的课堂管理、以需求为定向的教学设计。因此，教师在实施自然教学法时，可以从如下几个步骤着手。

（1）表达前阶段。在这一阶段，教师要自然地与学生展开谈话，使用基本词汇、句型，并且对重点词汇、句型等进行突出与重复。通过身体动作、视觉提示等，教师帮助学生进行理解，学生只需要能够听懂，并执行简短指令、做出非语言性反应即可。很多时候，学生在开口之前需要一个沉默的过程，在这个时候，教师需要有耐心。对于学生来说，教师通过身体动作、图片等帮助学生来理解，可以让他们加深印象，学到知识。

（2）早期表达阶段。在这一阶段，教师与学生展开自然的对话，选择使用简单的词汇、句子结构，注意学生能否根据指令做出正确的反应。这时候，学生已经掌握了一定数量的词汇与句型，教师可以设置一些有趣的问题来吸引学生，激发学生的学习积极性。

（3）表达阶段。在这一阶段，教师运用简单、自然的语言与学生进行谈话，用以 how 为首的疑问句展开提问，要求学生用短语或者完整句子加以解释，呈现自己的观点与意见。在生活中，教师应该鼓励学生多与他人交流。当然，教师可以设计一些能够提升表达欲望的问题。例如：

How are you?

How is the weather today?

How to get to the cinema?

2. 自然法的主要特点

自然法的特点主要体现在如下几个方面。

[①] 王月环. 自然教学法在英语教学中的应用 [J]. 名师在线，2017（12）：31-32.

第二章　语言学理论指导下的英语教学

（1）最大限度地扩大学生的语言输入,语言输入必须是自然的、可理解的。[①]

（2）听先于说,理解先于表达。在起始阶段有一个以听力理解为主要活动的沉默阶段,不要求学生过早地进行表达活动。

（3）课堂主要活动形式为习得活动,即以内容为中心的语言活动。

（4）课堂教学尽量创造一种轻松愉快的学习气氛,以增强学生的信心,消除学生的焦虑。

（5）教师尽量使用外语,但学生可以用母语;在口头活动中不纠错,在笔头作业中纠错。

3. 自然法的优点

（1）自然法建立在系统的、得到一大批个案研究与实验验证等实证研究支持的第二语言习得理论基础之上,在语言习得理论上有突破性贡献。

（2）自然法在形成之初和发展过程中,都一直立足于中学和大学的外语课堂教学实际,在不同层次的学校,用不同的外语语种进行许多实验,所以它对普通学校的外语教学具有特殊意义,受到世界各国的重视。

4. 自然法的缺点

自然法也存在着以下问题。
（1）自然法过分低估语言规则的作用。
（2）忽视有意学得对外语能力发展的作用。
（3）习得和学得的概念有待进一步明确。在某些情况下,很难判定是习得还是学得在起作用。

---

① 缪旻丹.分析英语教学中自然教学法的应用[J].才智,2012（28）：220.

第二节　基于语言学理论的英语习得研究

语言学对于语言教学意义非凡,其能够使人们更深层次地了解和把握语言的本质,从而进一步使人们认识语言教学与学习的本质。对于学生而言,英语是第二语言,因此他们对英语的习得就属于第二语言习得。前面已经分析了第一语言教学(本族语教学)与第二语言教学(外语教学)的相关内容,本节就来分析语言学与语言习得。

一、语言习得研究

人们掌握母语后如何培养自身的第二语言能力是第二语言习得所研究的关键问题。对于第二语言习得过程与本质进行研究的理论就是第二语言习得理论。由于这一理论有着自身的特殊性质与研究对象,因此第二语言习得理论也逐渐发展成为一门学科。在这门学科发展的过程中,第二语言习得研究应着重对学科性质进行科学定位及构建科学的学科体系。

从语言习得机制(LAD)的运行过程与语言系统的形成过程来说,外语学习与第二语言习得在本质上没有什么差异性,其主要区别在于:外语学习对于课堂教学的依赖性较强,而第二语言习得侧重自然的语言环境。需要指明的是,外语学习与第二语言习得所形成的语言能力在动机、语言输入的质量层面是存在明显区别的,因此会引起语言能力发展的不平衡。因此,学生在掌握母语后,习得第二门语言或另一门语言被称为"第二语言习得"。

彼德·科德(S. P. Corder)是英国应用语言学的奠基者,他撰写的《学习者所犯错误的意义》(*The Significance of Learner's Errors*, 1967)一文是第二语言习得的开端。经过几十年的发展,第二语言习得虽然与其他学科存在交叉,但是也有着自己明确的

第二章 语言学理论指导下的英语教学

研究对象,因此是一门独立的学科。另外,从知识体系与研究方法来说,第二语言习得研究有一套自身的系统,这是一般语言习得理论、普通语言学理论所没有的,其不仅是当代应用语言学的前沿阵地,还能够为其他学科提供依据。

在我国,对第二语言习得在整个人类的知识系统展开定位意义巨大,要求处理好第二语言习得研究与其他学科之间的关系,并重新定位与认识学科属性,做到与时俱进,这样才能推动第二语言习得的健康发展。

具体而言,第二语言习得研究不仅从心理学、教育学、社会心理学等学科汲取有利成分,还借鉴科学的方法,从一些自然科学与社会科学中汲取科学元素。随着第二语言习得研究的不断发展,应对其进行准确把握,将一些对第二语言习得研究有帮助的成分提取出来,从而便于其突破与创新。

二、语言习得的影响因素

(一)主观因素

影响语言习得的主观因素既有智力因素,又有非智力因素,而这些非智力因素在语言习得过程中有着重要作用,包括如下几个方面。

1. 情感态度

情感具有普遍性,易于感觉而难以定义。在日常生活中,人们也会经常谈及个人情感,所以广义的情感是指制约行为的感情、感觉、心情、态度等。

情感态度在外语学习中发挥着重要的作用。情感态度是外语学习的动力源泉。情感态度也会随着外语水平的提升而不断得到增强。从认知心理学的角度来说,情感之所以作用于外语学习,主要是因为其与人类的记忆有着千丝万缕的联系。情感态度在外语学习中发挥着重要作用,外语教学中理所当然要强调情感学习。因此,我国的英语课程标准都在各个级别中设定英语学习中的情感目标,这体现了对情感学习的重视,从历史的角度来看,这是一个巨大的进步。

虽然情感学习非常重要,但是在实际的教学过程中不能误解甚至曲解情感的性质与作用,需要用科学、客观的态度来审视外语学习中的情感态度问题。

第一,外语教学所关心的情感态度与日常生活中谈及的道德迥异,所以不宜夸大外语教学对于学习者的道德培养的作用。学习者的道德情操是在日常生活的点点滴滴中积累起来的,而并不是外语教学的直接结果。当然外语教师可以以身作则,以自己的实际言行影响学习者,但这并不代表外语教学本身的效用。换句话说,外语教学中的情感态度只是作用于学习者的语言学习,外语教学本身无力去发展学生的道德情操。

第二,情感是个整体,与学习密不可分。这一特性便意味着不宜将情感态度分级,并以此来评估学习者。不能说低年级的学习者在情感态度上就弱于高年级的学习者,实际上往往相反。此外,情感态度是个动态且易变的概念,也正因为如此教学才有了空间,设定情感目标也有理论基础。本质上来说,真正重要的是情感态度发展的过程,而不是结果。学习者正是在这个过程中获取了语言能力发展的动力。所以,外语教学过程中,不宜静态地、刻板地看待学习者的情感态度。

2. 学习动机

动机(motivation)研究最初始于教育心理学,是指学生为了满足某种学习愿望所做出的努力。二语习得和外语教学界从20世纪70年代开始逐步深入研究动机对于外语学习的影响,我国外语学界则是从20世纪80年代才开始引入动机这一概念,但真正的实证研究则是从20世纪90年代才开始逐步展开的。

通常认为,学习者的动机程度和其学业水平是高度相关的;后来,甚至有研究在这两者之间建立了因果关系模型。动机可以

第二章 语言学理论指导下的英语教学

有不同的分类方法。一般认为,动机可以分为两类,即工具型动机和融入型动机。前者指学习者的功能性目标,如通过某项考试或找工作。后者指学习者有与目的语文化群体结合的愿望。

除了以上两类外,还有结果型动机(即源于成功学习的动机)、任务型动机(即学习者执行不同任务时体会到的兴趣)、控他欲动机(即学习语言的愿望源自对付和控制目的语的本族语者)。对于中国学习者而言,工具型动机是中国学生的主要动机。

学生的学习动机是可塑的;激发学生内在动机是搞好外语教学的重要环节;个人学习动机是社会文化因素作用的结果。这个发现对于中国各个层次的英语学习者都是如此,也可以解释国内近些年来的英语"考证热"。值得一提的是,无论是工具型动机,还是融入型动机,都会对外语学习产生重要的影响,所以动机类型并不那么重要,重要的是学习者动机的水平。

此外,也有学者将动机分为内在动机和外在动机。内在动机(intrinsic motivation)是指学习者发自内心对于语言学习的热爱,为了学习外语而学习外语;而外在动机(extrinsic motivation)则是指由于受到外在事物的影响,学习者受到诸如奖励、升学、就业等因素的驱动而付出努力。这一分类与前一分类有相似之处,但是不可以将两者等同,它们是从不同方面考察动机这一抽象概念的。

在对待动机这一问题时应该注意:动机种类多样,构成一个连续体,单一的分类显得过于简化;另外,动机呈现出显著的动态特征,学习者的动机类型可能随着环境与语言水平的变化而发生变化。比如,一个学习者最初表现出强烈的工具型动机,认为学好英语是考上大学、找到好工作的前提;但是随着其英语水平的不断提升,他开始逐渐接受英语及其附带的文化,想要去国外读书甚至移民英语国家,这时他的动机类型就变为融入型动机了。

近年来国内对于动机的研究表明,中国英语学习者的动机类型以工具型动机为主,且动机与学习策略、观念之间的关系较为稳定。另外,学习成绩与动机水平之间呈现出高度相关。这些研究发现对于外语教学具有启示作用：外语教学中应该重视学生的动机培养，培养方式可以多种多样，譬如开展多样的英语活动、提高课堂的趣味性、鼓励学生进行课外阅读等。

3. 学习焦虑

焦虑是影响语言学习的又一重要情感因素，是指一种模糊的不安感，与失意、自我怀疑、忧虑、紧张等不良感觉有关。语言焦虑的表现多种多样，主要有：回避（装出粗心的样子、迟到、早退等）、肢体动作（玩弄文具、扭动身体等）、身体不适（如腿部抖动、声音发颤等）以及其他迹象（如回避社交、不敢正视他人等）。这些是学习者在学习过程中，尤其是在课堂环境中常见的现象。

学生在语言课堂上担心自己能否被他人接受、能否跟上进度、能否完成学习任务，这种种担心便成了焦虑的来源。焦虑可以分为三类，即气质型、一次型和情景型。气质型焦虑是学习者性格的一部分，也更为持久。这类学习者不仅仅在语言课堂上存在焦虑，在日常生活中的很多场合都会表现出不安、紧张等情绪。一次型焦虑是一种即时性的焦虑表现，持续时间短，且影响较小，它是气质型和情景型焦虑结合的产物。语言学习中更为常见的是情景型焦虑，这是由于具体的事情或场合引发的焦虑心理，如考试、课堂发言、公开演讲等。

可以说，焦虑是一种正常的心理现象，任何个体都存在一定程度的焦虑心理，外语学习者自然不会例外。产生焦虑的原因也会多种多样，但是总结起来无非有以下几点：首先，学生的竞争心理与生俱来，学习者一旦发现自己在与同伴的竞争中处于劣势，便容易产生焦虑不安的心理；另外，焦虑心理也与文化冲击有关，外语课堂上传授的文化知识对于母语文化本身便是一种冲击，学习者也会因为担心失去自我、失去个性而产生焦虑。总体而言，焦虑会表现为用外语交流时不够流畅，不愿用外语交流，沉默，害怕考试等。

长久以来，焦虑一直被视为外语学习的一个障碍，这是一种

第二章　语言学理论指导下的英语教学

误解,是对焦虑的作用的误读。焦虑最初是运动心理学的重要研究内容,研究将运动员按照焦虑水平分为三类,即低气质型焦虑、中气质型焦虑和高气质型焦虑,然后比较三类运动员的运动成绩,结果发现中气质型焦虑的运动员成绩最好。

可见,焦虑也是有积极的、促进的作用的。后来焦虑成为教育心理学的研究对象,研究发现了同样的规律。焦虑就其作用而言也可分成两大类:促进型和妨碍型。前者激发学生克服困难,挑战新的学习任务,努力克服焦虑感觉,而后者导致学生用逃避学习任务的方式来回避焦虑的根源。

这种划分方式有一定的道理,也获得了部分实证研究的证实,但是我们应该明确焦虑并不是非此即彼的,焦虑之所以会产生不同的作用主要是因为焦虑程度的问题:过高的焦虑会耗费学习者本来可以用于记忆和思考的精力,从而造成课堂表现差、学习成绩欠佳;而适当的焦虑感会促发学习者集中自己的注意力资源,汇聚自己的精力,从而构成学习的强大动力。

(二)客观因素

除了主观因素,客观因素也对学生的语言习得产生重要影响,而这些外在因素可以统称为"社会支持"。这一概念产生于20世纪70年代之后,指社会对个体的关心与尊重等,是个体在交往过程中获得的肯定与帮助。[①]

在教育领域,这些社会支持主要包含教师、学校、同伴、班级等。下面就对这些外在因素展开分析和探讨。

1. 教师

教师对于学生的语言习得而言有着直接的影响,也就是说,在语言习得过程中,教师的作用不容小觑。学习的主体是学生,但是教师起着重要的引导作用,教师的关心与鼓励能够促进学生

---

① 肖庚生,徐锦芬,张再红.大学生社会支持感、班级归属感与英语自主学习能力的关系研究[J].外语界,2011(4):4-13.

语言习得能力的进步与发展。

2. 学校

学校是学生学习的场所,是学生获得知识与技能的地方。因此,学校对于学生的语言习得也有着重要作用。例如,学校应该为学生提供充足的学习辅助设备,如自习室、图书室、机房等;学校应该提供音像资料等为学生的语言习得服务;学校应该为学生提供必备的生活设施。

3. 同伴

学生语言习得能力的提升需要同伴的帮助和支持。一方面,因为同伴大多是同龄人,虽然性格特征存在差异,但是也很容易成为朋友,彼此之间容易坦诚相待,减少沟通障碍,这样一定程度上可以降低学生的学业负担与压力。另一方面,同伴之间朝夕相处,必然会加深彼此的友谊,这种情感的支持也有助于推动学生的成长与发展,促进自身语言习得能力的提升。

4. 班级

班级可以看作学生的一项重要情感支持,是指学生对自己的班级进行情感、思想、心理上的投入与认同。通过班级,学生愿意承担相应的责任与义务,愿意参与到班级活动中,这样学生不断被肯定有助于激发学生的积极性与自主性。

第三节 基于语言学理论的英语教学大纲设计

对于语言教学而言,教学大纲起着十分重要的作用,其是教学理论与教学实践得以贯穿的桥梁。本节就具体来分析语言学与语言教学大纲的设计。

第二章 语言学理论指导下的英语教学

一、语言教学大纲的考虑因素

一般来说,语言教学大纲需要考虑如下几个因素。
(1)教学目的,即对课程结束时所获得的预期结果的描述。
(2)教学要求,即对学生需要掌握的语言知识和技能的描述。
(3)非语言能力,即与教学相关的自信心、兴趣、学习动机等因素。
(4)教学内容,即语音、词汇、语法等语言知识,听、说、读、写等语言技能、文化知识等。
(5)教学实施,即在教学中应该采取的步骤、理念等。
(6)教学评价,即教学过程中评价的对象、主体、方式等。

二、语言教学大纲设计的步骤

(一)对教学内容进行恰当选择

无论是什么语言,其包含的内容都是广泛的、复杂的,即便一个人的学习能力非常强大,也无法习得这门语言的全部内容。因此,在设计语言教学大纲时,必须要先对内容进行选择。一般来说,设计者可参照两大标准。

(1)将语言的范围置于一定的语域范畴中,即将语言范围加以缩小。
(2)在该语域范畴中选择所需的词汇、语法以及相关的文化与语境。

在实际的设计实践中,语言教学大纲往往会受到设计者主观层面的影响。如果设计者推崇功能主义语言观,他在设计语言教学大纲时必然会将语言功能、概念等知识囊括进去;如果设计者推崇结构主义语言观,那么他在设计语言教学大纲时必然会将语言结构方面的知识囊括进去。

（二）对教学内容进行排列组合

当选择好教学内容之后，就需要对教学内容加以排列，这是语言教学大纲设计的第二步。合理排列教学内容往往需要分级，即包含两个步骤。

步骤一：为自己选择的教学内容制订教学期限，可以以课时为单位，也可以以天、星期、月份等为单位，还可以以学期为单位。这一步骤又可以称为"分阶段"。

步骤二：明确语言各个项目的排列顺序，简单来说就是对语言各个项目进行排序。

在上述过程中，语言学起着重要的作用，具体表现为两点。

其一，语言学对第二语言加以描述，并解释这些因素是如何影响整个语言系统的。

其二，教学计划的制订必然需要以语言学的分类为参考。需要指明的是，这里并不是说将语音、词汇、语法等分开来展开语言教学，而是对语言概念加以描述，而不是教学步骤。

第四节 基于语言学理论的英语测试分析

测试是一种十分常见而且重要的教学评价方式，主要用来了解、检查和鉴定学习者掌握英语的实际水平。通过测试，教师和学生都可以获取反馈信息，教师可以检查教学效果，学生可以了解学习进展情况。测试有利于师生调整教学方法和学习方法，提升英语学习质量，也有利于敦促学生系统地整理和复习所学内容，调动学生学习的积极性。

第二章　语言学理论指导下的英语教学

一、测试的类型

（一）根据用途划分

根据用途划分，测试可以分为以下几种类型。

1. 成绩测试

成绩测试主要是对学生所学知识的考查，通常包含随堂测试、期中测试与期末测试。这都是从教学大纲出发来设定的。

2. 潜能测试

潜能测试主要用于评估学生的潜能或者语言学习天赋。潜能测试不是根据教学大纲来设定的，对学生掌握知识的多少也不在意，而是测试学生的发现与鉴别能力，可能是学生从未接触的东西。

3. 诊断测试

诊断测试主要用于对学生语言能力与教学目标之间差距的确定，从而便于从学生的需求出发来设计题型。诊断测试主要是课程展开一段时间后对学生进行的一定范围的测定。通过评估学生这段时间的表现，确定是否学到了应有的知识，进而发现教学中的问题，改进教学，力图做到因材施教。

4. 水平测试

水平测试是对学生语言能力的测试，主要测试学生是否获得了语言能力，达到语言教学的水平，决定学生是否可以胜任某项任务。水平测试与过去的教学内容与学习方式并没有直接的关联性。

(二)根据评价方式划分

根据评价方式划分,测试可以划分为以下两种类型。

1. 主观性测试

主观性测试的题型有很多,如翻译题、简述题、口试等,且设计也非常容易,学生可以自由陈述自己的观点与想法,这是对学生语言运用能力的考查。

2. 客观性测试

客观性测试的题型较为单一、固定,主要有判断正误、选择、完形填空、阅读理解等。学生只需要在相应位置做出答案即可,存在猜测的成分,因此很难测量出真正的语言能力。

二、试卷的制作

(一)制作的要求

笔试试卷的制作是教师必须具备的技能。试卷命题时应以相应的大纲为依据,对教与学有良好的导向作用,根据不同目的选择题型,确保试题的效度,难度要适中。具体而言,试卷的制作要符合以下要求。

(1)有题头,标题要包括考试对象、学期、类别、所考课程、卷类、出卷年月和考试用时。此外,要留出地方填写测试的日期、考生姓名、班级和分数。

(2)有大题的题号和指示语、此大题总分和每小题分数。

(3)试题、标准答案和评分标准配套,听力部分要有录音材料和录音稿。

(4)试题难度适中且分布得当。

(5)正规考试一般要设计两份难易度相当的试卷,即A、B卷。

(6)题量和考试时间搭配合适。

（二）试卷题型

1. 选择题

选择题包括单项选择题和多项选择题。命题时应注意命题的目的，题干要明了简洁，选择项要有干扰项且不宜过于冗长。例如：

A：What are they doing?

B：_____.

（题干）

A.They row a dragon boat.

B.They doing Taijiquan.（干扰项）

C.They watch TV.

D.They are playing basketball.（标准答案）

2. 连线题

在考虑试题难易程度分布时，连线题可作为较为简单的题目出现，因为该类题目只考查学生的辨别能力和推测能力。

3. 听写

听写可以考核学生的词汇掌握能力和拼写能力，可有单词听写、句子听写或短文听写的形式。试题的难易度可由听力材料的速度、次数、间隔的长短等控制。

4. 回答问题

回答问题可以是听音答题或阅读理解题等，根据学生的水平，可以提示或要求完全回答。

5. 填空题

填空题包括单词填空、句型填空和完形填空等形式。通过填空使句子或段落的意思完整。但需注意填空的空格要有目标性且位置不宜过于密集。空格的抽取以有上下文提示或学习的重点为宜。

6. 阅读理解题

根据学生所学的水平和内容给出一至五篇难度适当、长短得当的文章,针对每篇文章的内容出几道题目,考查学生对短文的理解。题目可以是多项选择题,也可以是简答题。

7. 写作题

让学生根据给出的题目或提示用英语写小短文。

(三)试卷制作的检查

在试卷制作完成之后还要对其检查,具体涉及以下几个方面。
(1)试卷的考点是否明确。
(2)试题内容是否在命题范围内,难度是否适中。
(3)难易题分布是否恰当。
(4)题型选择是否合理、多样。
(5)题量是否适中。
(6)试卷题头是否符合要求。
(7)指示语是否简洁明了。
(8)分数是否分布合理。
(9)试卷、标准答案和评分标准是否配套。
(10)拼写是否准确。

第三章 词汇学理论指导下的英语教学研究

词汇是英语语言系统中最为活跃、生命力最强的一个因素，也是人们进行交际、表达思想的基本语言单位。将词汇学理论运用于英语教学，将能显著提高英语词汇教学的有效性，对英语教学改革起到指导性作用。本章将对词汇学理论指导下的英语教学改革进行探究。

第一节 词汇与词汇学

词汇学是语言学的一个分支，是对词汇进行调查、研究、描述并予以理论化的一门学科。本节将对词汇学的内涵与性质进行简要说明。

一、词汇

在英语学习中，无论是要提高听、说、读、写的基本能力，还是想研究语音、语法、语义、语篇等专业内容，我们都会遇到词（word，lexis）。现代语言学的创始人之一瑞士著名语言学家费迪南·德·索绪尔（Ferdinand de Saussure）曾说过，语言是"词的语言"，词是"语言的机构中某种中心的东西"。那么词究竟是什么？我们应该如何给词下一个明确的定义呢？查看语言学经典著作和中外权威词典后,可以发现许多古今中外的语言学家对词的定义说法不一,许多词典里词的定义也不尽相同,这似乎说明人们到现在为止还没有找到一种普遍适用的定义能全面、精确、完美地反映词的全部本质特点。但是可以肯定的是,人们对于词的一般的、本质的特征还是有普遍认知的,这就使我们有可能了解词的概念。

　　说到词汇,就会联系到词汇量。词汇量是判断学习者语言水平的可比性参数之一,我们先来比较一下英语本族语学习者和中国英语学习者掌握英语词汇量的情况。据统计,当代英语词汇约在一百万个左右,英语本族语大学本科生掌握约 20 000 个词左右。他们自上学开始,词汇量每年约增加 1000～2000 个,或者说每天增加 3～7 个。艾奇逊(J. Aitchison)在《头脑中的词汇》(*Words in the Mind*:*An Introduction to the Mental Lexicon*,1987)里曾写道:"受过教育的成年人所知道的词不可能低于 5 万,也许有 25 万之多。"

　　我们再来看看中国学生掌握英语词汇量的情况。中国教育部制定的《全日制义务教育英语课程标准(实验稿)》(2001)要求二级(相当于小学六年级)词汇目标达到:学习本级话题范围的 600～700 个单词和 50 个左右的习惯用语;要求五级(相当于初中三年级)词汇目标达到:学会使用 1500～1600 个单词和 200～300 个习惯用语或固定搭配。2003 年教育部制定的《普通高中英语课程标准(实验)》规定七级目标为高中阶段必须达到的级别要求,它的词汇目标是:学会使用 2400～2500 个单词和 300～400 个习惯用语或固定搭配。八级和九级是为愿意进一步提高英语综合语言运用能力的高中学生设计的目标,它们的词汇目标分别是:八级要求学会使用 3300 个单词和 400～500 个习惯用语或固定搭配;九级要求学会使用 4500 个左右的单词和一定数量的习惯用语或固定搭配。

　　2004 年教育部颁布的《大学英语课程教学要求(试行)》对非英语专业本科生推荐的词汇量是 4500 个单词和 700 个词组

第三章　词汇学理论指导下的英语教学研究

（一般要求），5500个单词和1200个词组（较高要求），6500个单词和1700个词组（更高要求）。而根据《高等学校英语专业英语教学大纲》(2000)的教学要求，英语专业本科四年级学生的八级要求是：通过课堂教学和其他途径认知词汇达10 000～12 000个。据《英汉大词典》(1991)"英语词汇能力自测"("Test Your Own Vocabulary Competence in English")的说明，一般认为如词汇量不足6 000，可视作只有英语本族语小学生的词汇能力；如词汇量在12 000至18 000之间，可视作英语国家受过普通教育成年人的一般词汇程度；如词汇量在24 000至30 000，则说明已具有英语国家受过良好教育而且能进行较高层次阅读的人的词汇能力。所以，相比之下中国大、中、小学生的英语词汇量是远远不够的。

词汇是语言的基本要素。人类思维离不开概念，而概念的语言形式主要表现为词汇。此外，在语言传递信息的时候，词汇所承担的信息量大大超过语音和语法，所以词汇是人类应用语言的重要前提。一个人词汇量的大小直接影响其对语言掌握的熟练程度。当今知识换代加速，新生事物层出不穷，这一现实必然会在语言上反映出来，不断产生新词，旧词不断产生新义。正如语言学家威尔金斯(D. A. Wilkins)所描述的："没有语法，人们可以表达的事物寥寥无几。而没有词汇，人们则无法表达任何事物。"(Without grammar very little can be conveyed, without vocabulary nothing can be conveyed.)词汇是英语学习的重要对象，在培养英语实践能力所花的时间上，掌握词汇所付出的时间最多。由此可见，词汇学习在整个英语学习中应当占有相当重要的地位。

一个人的"词汇量"可以分为四个层次：能说的词汇(speaking vocabulary)、能写的词汇(writing vocabulary)、能读的词汇(reading vocabulary)、能猜的词汇(guessing vocabulary)，每一层次的词汇数量依次递增。前两个层次属于能够应用的积极性词汇(active vocabulary)，后两个层次则包含不一定能够应用的消极性词汇(passive vocabulary)。英语学习者往往遇到这样的情况：许多单词看见时能知道或猜出其意思，但到讲和写的时候却想不起来，或者不会使用，就是这个道理。

二、词汇学

(一)词汇学的界定

词汇学(lexicology)是一门有关词的科学(the science of words)。

词汇作为语言系统的重要构件——音、形、义的结合体——是反映现实世界最直接、最完美的符号系统。对词汇系统的深入研究有助于我们探索语言本质，分析语言的变化和发展规律。人们对词汇学研究的重视程度是在不断发展的，自20世纪90年代以来，随着相关专著的不断问世和《词汇学》(Lexicology)杂志的创刊，词汇学开始在现代语言学领域里取得一席之地。由德国Walter de Gruyter公司分别于2002年和2005年出版发行的巨著《词汇学国际手册：词和词汇的本质和结构》(Lexicology: An International Handbook on the Nature and Structure of Words and Vocabularies)更是将词汇学研究推到了一个新的高度。全书共1944页，分卷一(942页)和卷二(1002页)，从1993年开始编写到2005年全部出版发行为止，历时整整13年。主编和200多位编写者均为世界各地语言学界的资深学者、教授和专家。作为一本学术含金量很高的专著，此书编著的目的如序言所说："尽可能提供迄今为止最具代表性的关于词汇学研究的方法论及与词和词汇相关的研究结果……"真实地向我们展示词汇学的研究内容和最新的研究成果。

我们从这本书的基本内容就可以大致了解现代词汇学的内容和意义。此书分成11个部分。第一部分总体介绍词汇学这门学科和它的基本理论；第二部分具体讨论词的形式和内容(意

第三章 词汇学理论指导下的英语教学研究

义)以及它们之间的关系;第三部分从纵聚合关系(paradigmatic relation)的视角,详细论述了词汇学研究的核心内容——语义关系;第四部分阐述词汇学的研究范围,包括词汇的内部结构(词义)、词汇的外部结构(词形)、词汇的历史变化和词汇的应用等四个方面;第五部分主要研究词汇学的方法论;第六部分研究词汇的社会差异和地区差异;第七部分重点是词汇的共时研究和历时研究;第八部分讨论词汇场的对比研究,如亲属关系、颜色、情感等;第九部分主要讨论词汇和语法的关系;第十部分研究的内容是心理词库;最后一部分讨论词汇学与语言学内部分支学科和外部其他相邻学科的关系等。这本书以语言学为背景,词汇学为线索,涵盖了语音、词法、语义、句法、语用、文体等独立分支学科,还从跨文化的视野和跨学科的视角阐述新颖的描述性理论,使读者对词汇学和词汇学研究有更全面、更深入的理解。现在我们可以说,随着语言学和其他相关学科的交叉、重叠、渗透和融合,对词汇的研究已经开始步入一个跨学科、多视角和全方位的新阶段。

(二)当代词汇学的现状

语言记录着人类的发展进程,是人类交流思想、传递信息的工具。当代英语国家和地区的社会、政治、文化、经济等方面变化纷繁复杂,科学技术和信息现代化发展迅猛异常,对于国际社会的变化和发展影响很大。进入21世纪时,全世界使用英语的绝对人数已超过11亿,仅次于汉语,但英语的运用范围则远远大于汉语。

21世纪是信息的时代,语言是信息的载体,从这一意义上说,21世纪也是语言学的时代。现在世界上计算机储存的信息80%以上以英语为媒介,50%的报纸用英语出版,75%的信件用英语书写,60%的电台用英语广播,互联网上90%以上是英语信息,其中80%以上的信息和95%以上的服务是世界上最主要的英语国家之一美国提供的。2006年3月英国文化协会在一份名为《英语走向何方》的关于英语全球地位的最新研究报告中指出,英语在全世界的广泛传播确立了它在全球的主导地位,英语仍然是走遍天下的一个重要交际工具。报告用数字表明,自1945年以来,英语教学急剧扩张,10年后全球将有20亿人在说英语或学英语。我们也会不时听到一些不同的声音,例如,2006年2月14日英国《金融时报》报道说,"说英语的人经济价值下降"(Economic value of English speakers dwindles);同年11月在联合国互联网管理论坛上,许多与会代表指出,英语占据互联网语言的统治地位是对其他语言的不尊重,也不利于全球文化的多样性发展以及信息共享。

其实早在2005年英国就掀起过用多种语言取域名(website address)的运动,以体现文化和民族的多元化。但国际间使用英语交际的程度仍在不断上升,依托英语进行的信息沟通、文化交流、经贸往来还在不断加强,从而促使了英语本身的不断进化,其中最为明显的就是英语词汇的迅速发展。从莎士比亚时代的不足20万个单词到现在的100万个左右单词,在这门语言1500年左右的发展历史中,绝大多数单词都是在近三百年内创造出来的。特别是20世纪以来,新事物、新经验、新思想、新科学、新技术大量出现,都在词汇中得到了充分的体现。据美联社报道,英国牛津大学出版社2006年5月宣布,"牛津英语语料库"收集的英文词条已突破10亿。互联网和移动通信在全球范围内的普及更加快了英语造词的速度。包括网络英语词汇在内的现代英语词汇能够直接反映当代英语发展的新趋势和新特点。

英语词汇是英语语言系统组成部分中最敏感、最活跃、最具生命力的部分。与其他组成部分相比,它发展最快,变化最大,而语音、语法则相对稳定,渐变性较强。当代英语创造新词的手段变得越来越丰富,形成了英语中不断出现新词、新义和新用法的时代特点。

首先,历史的进步和社会的发展使得英语这门语言的词汇日新月异,英语词汇中的新单词和新词组,或是说明一项重要的科技演进或创新,或是说明一个重要的财经观点或政策,或是说明一个重要的政治事件或活动,或是说明一种重要的文化时尚或思潮。例如:

Google（n. 谷歌,全球知名网络搜索引擎）和 blog（n. 博客,即网络日志,记录个人活动、意见等的网页）,这两个单词还可转化成动词,分别表示上网搜索、查询（google）和通过不断更新等途径来维护网络日志;Reaganomics（n. 里根经济学）,指由美国第 40 任总统（1981—1989）罗纳德·里根（Ronald Reagan,1911—2004）实行的以减税刺激供给的里根经济政策;euro（n. 欧元）,指欧盟的 12 个成员国在 2002 年全部使用的一种新的统一货币;win-win（a. 双赢的）,指双方都能同时受益的;stakeholder（n. 利益攸关方）,原义为"赌金保管人、股东"等,2006 年 5 月 10 日美国时任副国务卿佐利克对美国众议院国际关系委员会发表谈话时说,中国有必要成为"负责任的利益攸关方"（stakeholder）,美国官方把这个词用在处理中美外交事务的政策上,就赋予了它新的含义,说明中美两国利益与共的关系将可能不断加深;mouse pouto（计算机迷）,指整天坐在电脑前面的电脑迷,类似的还有 couch pouto（沉迷于看电视的人）,尤指 20 世纪 90 年代出现的整天蜷缩在沙发里的电视迷;PK（对决）,即 player killing,网络游戏中的玩家与对手的决斗,也指对手间决定胜负的淘汰赛。

其次,英语词汇正在向更简洁、精练、明了的方向变化和发展,造词也愈显自由和方便。由于当前网络社会基本上以英语为通用语言,所以英语词汇的这一特点在日常使用的网络语言中尤为突出。在一个基于互联网技术发展的网络空间中,人们的互动关系主要是依靠英语来维持,电脑操作和网络操作的命令语言是英语,计算机语言用英语编写,网址用英语注册,乃至网络中使用的检索工具也是英语的。英语化信息几乎已经在互联网（interconnection network, internetwork 或 Internet）上形成了语言垄断,成为网络群体在网络社会生存的关键因素。互联网又称信息高速公路(information superhighway)。既然要"高速",就需要信息的主要载体——英语简洁、精练、明了,造词也要更自由,更方便。"网络"一诞生,就有许多与此有关的新词语应运而生。例如:network(计算机网络)、online(a/ad.联机的/地,在线的/地)、cyber(a.计算机网络的)、Internet(因特网)、www(World Wide Web)即the Web(万维网)、hypertext(超文本)、hypermedia(超媒体)、home page(主页)、telnet(远程登录)、browser(浏览器)、archive(互联网网络文件查询工具)、directory service(目录服务)、firewall(防火墙,v.用防火墙保护网络或系统)、domain name/DN(域名)、courseware(课件,教学软件)、spyware(间谍软件,可以暗中跟踪用户上网活动)、electronic shopping(网上购物)、Internet Addiction Disorder(上网成瘾)、botnet("僵尸"网络,由受攻击的个人电脑组成的网络)、digital divide(数字鸿沟,能上网的人与没条件上网的人之间的差距)、Web Intelligence(网络智能)、brain informatics(脑信息学)。

现在媒体上经常出现的CCTV(中国中央电视台)、CEO(首席执行官)、NBA(美国国家篮球协会)、VIP(重要人物)、WTO(世界贸易组织)等词,人们已经耳熟能详了。这种广泛使用英语缩略词语的现象,正好也说明了英语词汇发展变化的特点。对于我们中国的英语学习者来说,它们简洁明了,容易记住,便于使用。例如:CD、VCD、DVD、Win98、MP3等表达的事物与人们日常生活紧密相关;APEC、GDP、GPS、DNA、MBA、SARS等词词形比其中文译词简约,因而比其相应的中文译词更为通行;EQ(情商)、FAX(传真)、B2B(商家对商家)、B2C(商家对客户)、C2C(客户对客户)、VS(对阵)等英语缩略形式不一定比其中文译词简约,但它们夹在中文中比较醒目,常为媒体采用。

最后,英语作为一种世界性的语言,本身就包含来自全球各地多种民族语言的词汇元素。随着国际交往日趋频繁以及宣传媒介的普及,越来越多的外来词已经而且将继续进入英语。英语词汇中有不少西班牙式英语、德式英语、俄式英语、日式英语、印

第三章 词汇学理论指导下的英语教学研究

度英语等,多达60多种。据英国媒体2006年4月16日报道,根据美国全球语言监察机构公布的统计数字,2005年全球英语词汇中新收录的词语约有20 000,其中中式英语(Chinglish)多达两成,有4000余条。该机构总裁帕亚克说,目前,随着中式英语以及其他多种将英语与各民族语言相结合的语言得到越来越广泛的应用,世界性英语将有可能不再仅由英式英语或美式英语来主导。这些进入英语的外来词,不仅使英语词汇更趋丰富,具有国际性特色,而且也证明了世界上不同文化的融合速度正在加快。现在随着全球化进程的加快,英语的这种特性越来越明显了。例如:tsunami(海啸)来源于日语,elite(精华、精英)来源于法语,clone(克隆)源自希腊语,El Niño(厄尔尼诺现象)源自西班牙语,taikonaut(中国的航天员)源自汉语,这个词的前半部分"taiko-"接近于汉语"太空'taikong'"的发音,而它的后缀部分"-naut"与英语中代表宇航员的单词"astronaut"的后缀完全一样,从而构成了一个绝妙的中西合璧词语。

2008年北京奥运会吉祥物"福娃"的正式英语译名为Fuwa。就像已经进入英语词汇的中式英语kung fu(功夫)、qigong(气功)、tai chi(太极)一样,Fuwa也将会获得国际社会的广泛认可。

作为一种强势语言,英语充满活力,造词能力强大,几乎每天都有新闻产生。专家分析,这种快速增加的趋势还会保持下去。但是,这种发展是螺旋式上升的。和其他语种一样,英语中有些词语在使用过程中会慢慢消失。还有一些词,甚至是常用的情态动词,诸如shall,should,must,may等,近年来在主要英语国家的使用频率也在明显下降,而代之以have to,have got to,be supposed to等半情态动词。自然科学的飞速发展,使英语科技新词与日俱增,但英语中人文词汇同时在闪耀着动人的光芒。我们知道,英国人说过:"在上帝之后,莎士比亚决定了我们的一切。"那就是说,他们的价值观是被《圣经》和莎士比亚决定了的。莎士比亚在他的作品中用了3万多个词汇,很多目前常用的词语都是他创造的,例如:one's own flesh and blood(亲骨肉、血亲)、

foul play（不正当行为）等。"Renaissance man"正是指像莎士比亚这样的"文艺复兴时期的理想完人"。他代表的博学、博爱是后人开创文明世界的重要源泉之一。

现在主要英语国家的中小学课本中有不少莎士比亚的作品或选段。2004年11月24日，"最优美的70个英文单词"评选结果在英国首都伦敦产生。此项调查评选是为庆祝英国文化协会成立70周年而举办的。根据英国文化协会对4万名海外投票者和世界各地英语中心学习者的调查，mother（母亲）列英语中"最优美的单词"榜首。前10个单词中的其他9个分别是：passion（激情）、smile（微笑）、love（热爱）、eternity（永恒）、fantastic（奇妙的）、destiny（命运）、freedom（自由）、liberty（自由）、tranquility（平静）。"最优美的英语单词"从一个侧面充分显示了它们对人文精神内涵传承和发展的重要作用。

中式英语作为一种变种英语被认为是促进英语全球化的重要力量，在全世界的影响力越来越显著。但有专家认为，汉语是表意文字，外来的意译词比音译词更能被汉语使用者领会和接受。而英语是表音文字，英语对外来语音不那么排斥，因此外来词语比较容易进入英语。中国特色的词语要渗透到英语中去，选择意译还是音译，还要看西方英语社会对它们是否熟悉、习惯和接受。其他变种英语的词语在进入主流英语前都需经过一个较长的"检验"过程，然后根据普及的程度决定是否被接受，不可能一蹴而就。

尽管现代科技、经济、政治和文化的发展为英语词语的变化提供了物质和精神的条件，但年轻一代在这方面发挥的作用是不能忽视的。最新研究表明，主要英语国家的青少年经常使用的"时髦词语"（buzzword），反映了他们对现代社会的认知，他们交友圈的扩大以及对时尚的敏感度。在英国，年轻人使用的时髦词语层出不穷，目不暇接，许多旧词或旧短语也被赋予了新的涵义。在美国，随着时尚潮流的演变，由青少年创造的新词语不断丰富英语词汇，对英语的发展正起着十分重要的作用，例如：

第三章　词汇学理论指导下的英语教学研究

chicken head = an unattractive woman
exogal = an extremely thin contemporary
mufin top = a bulge of flesh over low-cut jeans
prositot = a child dressed as a pop star
squares = cigarettes

与这些新潮词语同时出现的还有用在电子邮件、网络博客和手机短信中的所谓"即时消息式语言"。当这种新兴词语被美国学生运用到英文写作中的时候,教育界人士就发出了反对的声音。英美青少年推动英语词语更新和进化功不可没,但是那些夹杂着俚语的时髦词语毕竟受到时空的限制或制约,有的只是在一定的时段里流行,时兴过后就会销声匿迹,有的只是在特定的校园或地区并在某些固定的人群中使用,不能广泛普及。

真正具有生命力的词语必定经受过时间的考验,并能让人们长期乐见和使用,这就让我们想起美国比尔·盖茨(Bill Gates)年轻时创造的 Microsoft 这个词。他创办了微软公司,用 microcomputer(微型电脑)和 software(软件)两个单词的词头为公司取名 Micro-Soft,后来中间的"-"被去掉了,成为现在具有世界品牌涵义的英语单词"Microsoft"(微软公司,世界上最大的软件制造商)。这种具有经典意义的英语品牌词语还有不少。例如:Adidas(阿迪达斯,创始人 Adi Dassler 的姓名词头合并而成)、Carrefour(家乐福,这家著名超市的前身是法国阿讷西市内一个位于十字路口的小店,carrefour 意为"十字路口")、Coca-Cola(可口可乐,得名于主要原料中的古柯叶 coca leaf 和可乐果 kola)、Google(谷歌,已成为世界最强品牌之一,源自 googol,即 10 的 100 次方或巨大的数目)、Nike(耐克,驰名品牌,源自古希腊胜利女神奈基 Nike)、Pepsi-Cola(百事可乐,因配方中含有可乐果成分,以及宣称能治疗消化不良 dyspepsia 而得名)、Reebok(锐步,Reebok 是 rhebok 即非洲短角羚羊一词的变体拼法,这家著名体育用品商的广告标识就是羚羊角)、Walmart 或 Wal-Mart(沃尔玛,"世界零售业连锁集团之王",美国 2007 年财富500强企业首位,由创始人萨姆·沃尔顿Sam Walton姓氏中的wal与"市场"的英文mart组合而成)等。这些代表著名品牌或驰名商标的英语词语都已载入词典长期供人们使用。

第二节 词汇学的研究内容

词汇学研究的理论内容十分广泛,但构词法和词汇变化一直都是研究的重点,因此本节将对这两个方面进行重要说明。

一、构词法

构词法指的是根据一定规律构成新词的方法。英语中比较常见的构词方法有派生法、复合法、转化法、缩略法、逆声法等。下面重点研究前面几种方法。

(一)派生法

派生法是指派生词缀与词根相结合,或者黏着词根与黏着词根相结合构成单词的方法。显然,由派生法构成的词就是派生词。

派生词的基础是词根。不同的词缀可以加在同一个词根上,用于表示不同的意思,还可以表示不同词类。例如,词根duc及其变体duct加上前缀后可以构成conduct, produce, abduct, induce等词,加上其他前缀或后缀可以构成conductiveness, conductible, conduction, conductorial, conduit, non-conductor等词。我们要记住成千上万个单词是非常困难的一件事,但通过词根、前缀和后缀记忆一些单词似乎变得也没那么难。

在英语中有很多构词能力强的前缀。比如, re-, pre-, non-, un-, de-, anti-等。下面列举一些由这些前缀构成的词。

recycle 回收利用

preemptive 先发制人的

nonperson 毫无地位、微不足道的人

unflappable 沉着的,冷静的

depollute 消除污染

anti-cancer 抗癌的

同样,英语后缀中也有一部分构词能力很强。这里根据词类进行阐述。

构词能力强的名词后缀有:-er,-ness,-ese,-ism,-ist,-ics 等。

构词能力强的形容词后缀有:-able,-ish,-less,-ic 等。

构词能力强的动词后缀有:-ise/-ize,-ify 等。

英语中的前缀和后缀在语法功能、语义以及与词根关系的密切程度上均不同。多数后缀会改变词根的词性,而多数前缀不影响词根的词性和其他语法范畴,仅对词根的语义加以修饰或限定。从这个角度说,前缀的作用和副词相仿,可以表示方式、态度、程度、时间、地点和否定等意义。

表示"方式"的前缀:mis-(错误地),mal-(恶,不良),co-(共同)等。

表示"态度"的前缀:anti-(反对),re-(反对),pro-(亲)等。

表示"程度"的前缀:super-(超越),under-(低于,不足),over-(过分)。

表示"时间"的前缀:pre-(在……之前),post-(在……之后),ex-(前……)等。

表示"地点"的前缀:inter-(在……之间),trans-(跨越),super-(在……之上),over-(在……上面),sub-(在……之下,在下面的),under-(在……之下)。

表示"否定"的前缀:否定前缀与 not 相当,但其否定意味更强。

(二)复合法

复合法也称"合成法",是将两个或两个以上独立的词结合在一起构成新词的方法。同样,由复合法构成的词就是复合词。

复合词有很多种类。从词性上看,有复合名词、复合形容词、复合动词、复合介词、复合连接词、复合副词、复合代词、复合数词、句式复合词等。其中,复合名词的数量是最多的,复合形容词位居第二,接着是复合动词。下面分别对这三种类型的复合词进行研究。

1. 复合名词

复合名词主要有如下几种。

其一,形容词+名词:soft disk(软盘),dark lantern(有遮光装置的提灯),deadline(最后期限)等。

其二,名词+名词:mouse mat(鼠标垫),bar code(条形码),shoelace(鞋带),information highway(信息高速公路)等。

其三,副词+名词:after-effect(后效,后作用),overburden(过重的负担)等。

其四,动名词+名词:lodging house(分间出租供人住宿用的房屋),reading lamp(台灯)等。

其五,现在分词+名词:working party(作业队),ruling class(统治阶级)等。

其六,动词+名词:swear word(骂人的话),jump suit(伞兵跳伞服,连衣裤工作服)等。

其七,名词+动词:water supply(给水,给水系统)等。

其八,动词+副词:slip-up(疏忽,差错),follow-up(后续行动,后续事物)等。

其九,副词+动词:upset(混乱),upstart(自命不凡的新上任者)等。

2. 复合形容词

复合形容词可以从词法和句法两个角度进行归纳。从词法层面说,复合形容词有以形容词为中心、以动词的分词为中心、以名词为中心和以介词短语为中心四种。

第三章　词汇学理论指导下的英语教学研究

其一,以形容词为中心的复合形容词。

名词 + 形容词:toll-free(不交费的),dust-free(无尘的),care-free(无忧无虑的),life-long(终生的),dog-tired(累极了的)等。

形容词 + 形容词:icy cold(冰冷的),bitter-sweet(又苦又甜的,又苦又乐的)等。

现在分词 + 形容词:soaking wet、wringing wet(湿淋淋的,湿得可拧出水来的),biting-cold、freezing-cold(冷得刺骨的,冰冷的)等。

其二,以动词的分词为中心的复合形容词。

名词 + 现在分词:time-saving(省时间的),ocean-going(远洋的)等。

名词 + 过去分词:airborne(空降的,空运的),hen-pecked(怕老婆的),poverty-stricken(贫困不堪的)等。

形容词/副词 + 现在分词:easy-going(随和的),hard-working(努力工作的)等。

形容词/副词 + 过去分词:well-balanced(平衡了的),hard-won(来之不易的)等。

其三,以名词为中心的复合形容词。

名词 + 名词 +-ed:chicken-hearted(胆怯的,软弱的),paperbacked(平装的)等。

形容词 + 名词 +-ed:tender-hearted(软心肠的),sweet-tempered(性情温和的)等。

形容词 + 名词:full-length(全长的,未删节的),red-letter(喜庆的)等。

动词 + 名词:cut-rate(减价的,次等的),break-neck(危险的)等。

其四,介词短语构成的复合形容词。例如:

at-risk 处境危险的

in-your-face 明目张胆的

从句法关系上看,复合形容词主要有如下几种。

其一,形容词 + 状语。

比较状语:dog-tired(累极了的 ← as tired as a dog after a long chase)。

程度状语:wringing wet(湿得可拧出水来的 ← so wet that it needs wringing)。

原因状语:travel-worn(旅行得疲乏的 ← worn because of travelling)。

地点状语:oven-fresh(刚出炉的)。

其二,动词 + 状语。

方式状语:quick-frozen(速冻的 ← to be frozen quickly)。

程度状语:half-baked(烤得半生不熟的,肤浅的 ← to be baked partially)。

时间状语:new-born(新的 ← to be born recently)。

地点状语:home-made(家制的 ← to be made at home)。

其三,主语 + 谓语。

动词谓语:book-filled(放满书籍的 ← book fill[the room])。

表语:heartsick(沮丧的 ← the heart is sick)。

其四,动词 + 宾语。

peace-loving(爱好和平的 ← to love peace),telltale(搬弄是非的 ← to tell tales)。

其五,定语 + 名词。

定语为形容词:white-collar(白领阶层的 ← white collar)。

定语为所有格名词:chicken-hearted(胆怯的,软弱的 ← chicken's heart)。

3. 复合动词

复合动词也由两个词复合而成,如 test-drive(试车),但这样构成的复合动词不多。复合动词主要是通过转化法或逆生法从复合名词变来的。

由复合名词转化来的复合动词:to nickname(给人起绰号)

← nickname（绰号），to outline（画出……的轮廓）← outline（轮廓）等。

由复合名词逆生来的复合动词：to soft-land（软着陆）← soft landing（软着陆），to tape-record（用磁带为……录音）← tape recorder（磁带录音机）等。

（三）转化法

词类转化法是指不改变词的形态，仅使词从一种词类转化成另一种词类，从而使该词具有新的意义与作用，成为一个新词。

1. 转化成动词

其一，名词转化成动词。

名词常常原封不动地当作动词使用，此方法既生动又省力，如 to elbow one's way through the crowd 显然比 to push one's way through the crowd with one's elbows 更加形象，更加简洁。

转化成动词的含义是多种多样的，不可一概而论。对此，夸克（Quirk）将转换成动词与原来名词的语义关系总结为七种。

（1）to put in/on N 将……放入……，使……处于……

bottle *n.* 瓶子→ to bottle=to put into a bottle 装瓶

list *n.* 表，名单→ to list=to enter... in a list 把……编列成表

（2）to give N, to provide with N 给予，提供

shelter *n.* 避难所→ to shelter=to give shelter to 掩护，遮蔽

man *n.* 人→ to man=to provide with men 配备人员

（3）to deprive... of N 去掉

core *n.* 果实的心→ to core=to remove the core from 挖去果心

skin *n.* 皮→ to skin=to remove the skin from 剥皮

（4）to... with N 用……来做

finger *n.* 手指→ to finger=to feel or handle with fingers 用手指触碰

brake *n.* 制动器，刹车→ to brake=to slow down or stop with

a brake 刹车

（5）to be/act as N with respect to 像……那样……

tutor *n.* 私人教师→ to tutor=to act as a tutor to 当……的教师,辅导

ape *n.* 猿→ to ape=to imitate like an ape 模仿

（6）to make/change... into N 使……成为……,把……改变为……

fool *n.* 傻子→ to fool=to make a fool of 愚弄

cash *n.* 现金→ to cash=to change into cash 兑成现金

（7）to send/go by N 用……来送,乘……前往

mail *n.* 邮件→ to mail=to send by mail 邮寄

bicycle *n.* 自行车→ to bicycle=to go by bicycle 骑自行车

其二,形容词转化成动词。虽然形容词转化成动词没有名词转化成动词那么常见,但其转化后的语义很容易了解,多数表示状态的变化。这类动词一般既可以用作及物动词,又可作不及物动词。例如:

dry *n.* 干的→ to dry=to make...dry 使……变干 =to become dry 变干

有些形容词仅可以转化成及物动词,如 free（自由的）→ to free(释放),humble(谦恭的）→ to humble(贬低,使感到卑微)等。

个别的形容词转化成动词,表示以某种姿态、方式做某事。例如:

brave *a.* 勇敢的→ to brave（勇敢面对,冒着……）

2. 转化成名词

其一,动词转化成名词。转化而成的名词多来自动词。来自动词的名词大多表示原来的动作或者状态。

从语义上看,来自动词的名词还指:动作的执行者,动作的结果,做动作的工具,动作的地点。

其二,形容词转化成名词。形容词转化成名词也很常见,其

有两种情况：一是完全转化，二是部分转化。其中，完全转化的名词有名词的一切语法特点，可以加 -s 构成复数，加 -'s 变成所有格，也受形容词的修饰。

部分转化的名词没有名词的所有特点，通常在前面带有定冠词，总作为复数表示一个整体，如 the poor（穷人），the wealthy（有钱人）等。

3. 转化成形容词

转化成形容词包括很多类型，其中，名词用作定语就是一种情况。此处介绍的是由介词短语转化成的形容词及其他类型的转化成形容词。例如：

over-the-counter 不用医生处方也可合法出售的
out-of-... 在……以外的

这两类形容词都已固定，并且可以在词典中查到。

由多个词语组成的转化成形容词在英语中的数量不多，在多数情况下是临时的词。有的转化而来的形容词的内部结构是一个动词性短语。例如：

take-no-prisoners 富于进取的，毫不妥协的
top-of-the-line 最尖端的

有的转化而来的形容词的内部结构是一个形容词性短语。例如：

as-yet-unbuilt 未建成的

有的转化而来的形容词的内部结构是一个副词性短语。例如：

off-and-on 空闲的，远离的
cradle-to-grave 一辈子的，一生的

有的转化而来的形容词的内部结构甚至是一个句子。例如：

small-is-beautiful 因小而美

二、词汇变化

英语词汇的生命力是我们不可低估的,因为其始终处在变化中。这里就简单研究词汇的变化。

(一)词义变化

人们在日常交际中经常使用各种词汇和符号表达自己的思想,但人们无法创造出无数个单词,对此人们就赋予已经存在的单词以新的意义,从而创造新的词汇。词义变化主要涉及两种情况。

1. 词义扩大

顾名思义,词义扩大就是将原来特定的、具体的含义扩大为概括的、普遍的含义,从而使新义大于旧义的现象。例如:

pain 罚款→惩罚,痛苦

journal 日报→一切报刊

tangent 切线→离题的

2. 词义缩小

同理,词义缩小就是将原来概括的、普遍的含义缩小为特定的、具体的含义,从而使新义小于旧义的现象。例如:

catch 抓住,捉住→拉手,窗钩

stink 任何一种气味→臭味

city 城市→ the City 伦敦的商业区

(二)词性的转换

词性的转换会使词语从指某种具体的实体或概念变为指某种方法或属性,从而改变原来的词义。例如:

	名词	动词
stump	树桩	挑战
share	一份,股份	分享,共享

(三)词义的升降

词是有感情色彩的,或褒义或贬义,它们是在人们使用的过程中被赋予的。通常,贬义词或中性词获得褒义就是词义的升格,褒义词或中性词获得贬义就是词义的降格。例如:

angle 信使→天使(词义升格)

cunning 知晓的→狡猾的(词义降格)

第三节 词汇学理论指导下的英语教学策略

目前,英语词汇教学存在着诸多问题,教学现状并不佳。对此,为了切实提高英语词汇教学的效果,提升学生的词汇水平,培养学生的跨文化意识,就需要在遵循基本教学原则的基础上,对教学方法进行优化,即选用新颖有效的方法开展教学。

一、集中培训策略

集中培训是在特定的时间内,将词汇学习方法作为课堂教学的中心内容,旨在让学生形成正确的词汇学习观念,获得适当的词汇学习方法。集中培训可以是一次完成,但是最好将时间控制在两周以内,然后在后续的教学中不断提供机会让学生运用词汇方法;也可以是分几次完成,结合教学安排,在学期的不同阶段抽出专门的时间对学生进行方法培训。具体来讲,可以按照以下几个步骤进行。

(1)制订培训计划。首先制订词汇学习方法培训计划,明确培训目标、训练时间安排、训练内容、训练步骤和具体训练任务。

（2）方法调查。在培训开始之前，通过问卷调查的方式了解学生目前的词汇学习观念和词汇方法的使用情况，以便更有针对性地开展方法培训。

（3）小组研讨。将学生分成若干小组，让学生结合问卷上的内容和自己的学习经验，在小组内介绍与讨论自己词汇学习的观念和常用的词汇学习方法。然后，每个组选一个代表向全班同学汇报各自小组讨论的情况。

（4）修订培训计划。根据问卷调查和学生小组研讨的结果，修订词汇学习方法培训计划。

（5）教师讲解。教师结合学生问卷回答和小组研讨的情况，向学生阐述词汇学习方法的重要性和必要性，示范讲解如何调控和使用词汇学习方法。

（6）小组合作学习。学生们在小组内合作完成教师布置的方法学习任务，练习使用各种词汇学习方法，尤其要注意新的方法。在练习之后，学生们可以一起研讨方法的有效性，对使用方法的情况开展自我评价和同伴评价。教师可以有意识地鼓励学生自己设计词汇学习方法练习活动，最大限度发挥学生的主动性。

（7）训中与训后问卷调查。依据时间的充足程度，教师可以在培训中期或培训结束时再做一次问卷调查，以观察培训效果和学生词汇学习方法使用的变化情况。

（8）实际运用。教师在课堂教学中有意识地引导学生运用所学的方法处理遇到的各种词汇问题，拓展词汇的广度与深度，并逐渐形成适合自己的词汇学习方法系统。

二、词源分析策略

这一方法主要适用于英语词汇中的一些典故词汇。在英语词汇中，有很多词汇是从典故中来的，因此其文化内涵非常丰富，很难从字面上去理解与把握，必须借助词源展开分析。无论对于中国人还是西方人来讲，在口语或者书面语中都会运用一些典故、传说等,因此对于这类词汇的教学是非常重要的。例如,man Friday 这一词就是源自《鲁滨逊漂流记》,其含义并不是"男人星期五",而是"得力的助手";an Uncle Tom 这一词汇源自《汤姆叔叔》,其含义并不是"一名汤姆叔叔",而是指逆来顺受、宁愿承受侮辱也不反抗的人。

三、讲授文化知识策略

在词汇教学中,教师可以采用教授法开展文化教学,即教师直接向学生展示文化承载词的分类及内涵等,同时通过图像声音结合的方式列举生动的例子加以说明,直观地培养学生对文化的兴趣。只有让学生熟悉了英语文化,才能让学生透彻地了解英语词汇。学习语言时不能只单纯地学习语音、词汇和语法,还要接触和探索这种语言背后的文化,在语言和文化的双重作用下,才能真正掌握英语这门语言。采用直接讲授法讲授文化,既省事又有效率。而且这些文化不受时空的限制,方便学生查找和自学。

例如"山羊"/goat,在汉语环境中,"山羊"一般扮演的是老实巴交的角色,由"替罪羊"这一词就可以了解到;在英语环境中,goat 则表示"好色之徒""色鬼"。这类词语还有很多,如 landlord(褒义)/"地主"(贬义)、capitalism(褒义)/"资本主义"(贬义)、poor peasant(贬义)/"贫农"(褒义)等,这些词语代表了人们不同的态度。在词汇学习过程中,要深入了解和尊重中西方文化,这样才能更好地将词汇运用于交际。

再如,根据当下流行的垃圾分类,教师可以让学生翻译这四类垃圾:干垃圾、湿垃圾、有害垃圾、可回收垃圾。大部分学生都会将"垃圾"一词翻译为 garbage,实际上正确的翻译应是 waste。由这两个词就可以看出中西方文化差异。在英语中,garbage 主要指事物或者纸张,waste 主要是指人不再需要的物质,可以看出 waste 的范围更广,其意思是"废物"。当翻译"干垃圾"和"湿垃圾"时,学生又会翻译得五花八门,实际上"干垃圾"是 residual waste,"湿垃圾"是 household food waste。所以,学生有必要深入了解中西方文化的异同,这样才能学好词汇,才会形成英语思维,进而形成跨文化交际能力。

四、创设文化情境策略

语言只有在语境中才能焕发生机与活力,单独去看某个词汇很难在其中发现个中韵味,但是一经组合和运用,语言便有了生命力。因此,教师应创设信息丰富的环境,为学生提供真实的语言环境和大量的语言输入,使学生在逼真的语境中学习英语,给学生提供学习和运用词汇的机会。教师可以设计一些活动,如组织学生观看电影,然后指导学生进行角色扮演,让学生经历真实的跨文化交际情景,培养学生的跨文化交际能力。

除组织跨文化交际活动外,教师还可以组合一些课外活动,让学生切实感受英语文化,扩大学生的词汇文化资源,培养学生的跨文化交际能力。例如,《疯狂动物城》这部动画片深受学生的喜爱,但大部分学生并没有注意这部影片的名字 Zootopia,也没有对其进行探究,觉得这是电影中虚构的一个地方。如果学生知道乌托邦的英文是 Utopia,可能会理解这个复合词 Zootopia 是由 zoo(动物园)和 Utopia(乌托邦)结合而来。实际上,很多学生连汉语文化中的"乌托邦"都不了解,更不用说英语文化了。其实,"乌托邦"就是理想国,Zootopia 就是动物理想国,动物之间没有相互杀戮的地方。如果学生在观看电影前能对其中的文化进行探索,或者教师稍微引导,那么观影的效果就会更好,而且在欣赏影片的同时能掌握文化知识。

五、词汇知识扩充策略

词汇学习不能仅依靠教师的课堂讲授,还要依靠学生的课外自主学习,对此教师应有效引导学生充分利用课外时间来自主扩充词汇量,丰富词汇文化知识。

（一）推荐阅读

教师可以向学生推荐一些课外读本,如《英语学习文化背景》《英美概况》等,让学生利用课余时间进行阅读。通过阅读英语名著,学生不仅能充分了解西方文化背景知识,扩大文化视野,还能积累丰富的词汇,了解词汇的运用背景以及词汇的文化含义,更能培养学生良好的自主学习习惯,促进学生终身学习。可见,阅读英语书籍对学生的词汇学习而言是非常有意义的。这不仅能培养学生的自主学习能力,还能丰富学生的文化知识,扩充学生的词汇量。

（二）观看英语电影

现在的大学生对于英语电影有着浓厚的兴趣,对此教师可以借助英语电影来提高学生的词汇能力。具体而言,教师可以选取一些蕴含浓厚英美文化,并且语言地道、通俗的电影让学生观看。这样学生可以在欣赏影片的过程中,切实感受英美文化,提高文化素质和词汇能力,同时提升学习词汇的兴趣。

六、运用语料库辅助策略

（一）使学生在语境中掌握词汇具体用法

在词汇学习中,将词汇放在具体语境中,往往能起到事半功倍的效果。在英语语料库中,有大量和语境相关的实例,具体的实例主要是通过数据的方式呈现在学生面前。在语境中,学生的注意力能够被有效吸引,使学习的词汇知识得到强化,同时也能使学生对相关使用规律进行总结。在语料库中,学生能了解使用频率较高的一些词汇,加强对词汇具体结构的了解,深化对语言现象的认识,实现对出现频率较高的单词的巩固与理解。就

outline 这个单词来讲，在教材中只是标注其主要意思是概要、轮廓、外形，而在实际教学中，教师可以在语料库中进行检索。通过检索的方式不仅能够了解具体的用法，还能了解相应的使用频率。进而使学生认识到比如说，一个词不仅能够当作名词使用，也能当作动词使用。而在实际教学中，教师可以用演示的方式实施这一方法，进而使学生了解词汇的主要使用方式，使学生在学习中的自主学习能力得到加强。

（二）对近义词以及同义词进行检索

由于英语是一门非母语学科，因此学生在学习近义词的过程中存在较大难度。而语料库在高校英语词汇教学中的使用，能够使学生在检索过程中，获得相应的参考，然后在此基础之上进行大量细致的分析，例如 destroy 和 damage 是两个近义词，那么在实际教学中，就可以在检索栏中将这两个单词输入进去，然后学生会在实际阅读中进行具体分析。同时在学习完这两个词汇之后，学生也可以将自己在日常生活中遇到的近义词、同义词进行搜索。这种方式的使用，方便了学生在学习中进行自主对比，使学生的自主学习意识和自主学习能力都能得到增强。

（三）在检索过程中了解不同词汇搭配

词汇搭配的概念提出已久，并且随着社会的不断发展，受重视程度越来越高，词语搭配考查了词项目贡献，也考查了相应的语法结构以及框架。有相关学者认为词的搭配、语义选择、语义韵以及类连接之间存在紧密联系，它们实现了对词汇组合以及词义的表达，而比较普遍的则是动词与名词之间的搭配。

例如，想要了解 trend 这个词汇时，则可以在语料库中进行检索，如 short term trend, development trend, trend up 等，除了这些搭配用法之外，实际上 trend 还有很多用法。这种学习方式的使用，能够使学生在学习中对词汇搭配内容有更深入的认识与了解，同时在实际学习中也可以将查找的内容和自己已知内容进行对比,找出二者之间的差异,进而在实际学习中更有针对性。

(四)进行词汇的复习与巩固

英语语料库在英语词汇教学中的使用,除了能够为学生构建情境,使学生了解近义词、同义词的相关知识,认识词汇搭配,教师也可以利用这种方式,帮助学生进行词汇的巩固。在巩固过程中,练习的方式可以是填空题、选择题,也可以是匹配题。而在实际教学时,教师可以将检索出来的内容进行隐藏,然后让学生根据上下文进行猜测与分析,并且在教师挡住的部分填入适当的内容,而在选择语料库时,教师需要以不同的学习内容为依据进行选择。

同时在语料库中,学生可以实现对学习词汇内容的拓展,英语语料库中有大量的内容,能够成为学生在学习中的素材,学生可以根据自己的实际学习能力和情况进行选择,学习的范围便不仅局限在教材中,进而使学生学习到的知识能够有更强的实用性,实现对英语词汇的有效巩固。同时这种方式的使用在一定程度上响应国家号召,加强了对互联网技术的使用,促进对学生学习能力的培养,使学生在实际学习中能逐渐形成良好的学习习惯,实现英语综合学习水平的提升。

第四章　句法学理论指导下的英语教学研究

句法主要涉及短语、句子等句法单位的构成与变化规则。了解英语句法理论体系的相关知识是进行英语句法教学的前提。本章主要介绍英语句法体系的构成内容，包括句法、句法学、句法学的研究内容，在此基础上分析句法学理论指导下的英语教学策略。

第一节　句法与句法学

句法学作为一门独立的学科而存在，尽管句法和句法学都属于从语言理论的角度对语言进行的研究，但是句法和句法学还是两个不同的概念。下面就对句法和句法学这两大概念进行深入的研究与分析。

一、句法

英语句法属于经验认识的理论，它是人类生活的物质和意识两方面持续辩证发展的结果。如果将语言看成是人类对经验的识解，那么句法就是经验识解的方式。句法虽然使意义的表达具有可能性，但是同时也对什么可以被意义化设定了限定。

句法在语言中具有举足轻重的作用。当谈及句法的定义，不同的学者却有不同的界定。

英国著名应用语言学家 H. G. 威多森对句法的定义为,句法是一个规则系统,包括词汇变化规则和词汇造句规则。

美国路易斯安那州立大学的语言学教授尤尔(George Yule)认为,句法是一套结构体系,其分析框架包括意义、形式和用法三个方面,这三个方面是相互结合的,可以通过应用的上下文语境来解释不同的句法形式和不同的句法意义。

朗曼在《应用语言学词典》中将句法定义为,句法是对语言单位(词汇、词组等)组成句子时所遵循的方式的一种描述,这种描述往往包括了句子在各个语言系统下的含义和功能。

胡壮麟认为,句法应该被看作一个理性的动态系统而非任意规则的静态系统,这种定义更利于在语言教学中培养学生良好的语言应用能力。

二、句法学

句法学和句法从严格意义上讲,存在着很大的区别。针对句法学的相关问题进行如下分析。

(一)句法学的概念

通常情况下,人们认为句法学是一门研究句法规则的学科。王希杰认为,句法学是以语言符号之间的结构规律为研究对象的一门独立的语言学科。从这点来看,句法和句法学之间存在着本质的区别。句法是语言符号间的客观规律,它是客观存在的,不以人的意志为转移。但是,句法学则是主观的,句法学往往带有人为的创造性,甚至存在着多种多样的句法学。

(二)句法学的研究方法

语言学属经验科学,语言学研究所依赖的是观察说话者凭借大脑的语言直觉认为是合乎语法的语言事实。形式句法学家感兴趣的不是社会成员通过商量后制定的语言规约系统,而是隶属人脑的认知系统并导致语言直觉产生的 I-语言。因此,语言事实不被视为纯粹的社会行为,而被视为人类的心智能力,是人脑固有的语言属性和人的后天语言经验相互作用的产物。

具体说来,语言学家研究的 I-语言是专司语言知识及使用的语言器官处于稳定状态时所体现的一种生成程序系统,是语言计算的规则系统。语言的生成系统与语言使用系统(含"发音-知觉的语音式"和"概念-意念的逻辑式"两种系统)接口整合,进而生成无以计数的语言表达的外在形式,即话语行为系统,被称为 I-语言。一个人具备 I-语言能力,意味着具备了创造性地使用语言的能力。

人类的语言器官有一个初始状态,经由语言经验刺激达到稳定状态。在这一语言器官的成长过程中,儿童基于由人类物种遗传基因决定的生物禀性,从语言经验中选择了可及性 I-语言。决定这种选择的规则构成了全人类共有的普遍语法。普遍语法理论是一部可以充分描述和解释人类 I-语言因缘及结构的语言学理论,因而发现普遍语法原则成了语言学最具挑战性的理论问题。

基于人类生物禀性的普遍语法不属社会科学,而属自然科学,所以对 I-语言知识系统的研究应该归属在自然科学研究范畴内,采用的研究方法通常为观察归纳法和演绎推导法,通常以演绎推导法为主。观察归纳法有助于语言学家充分描述 I-语言系统,而演绎推导法却能够使语言学家充分解释 I-语言系统。

通常儿童能够在很短的时间内习得十分复杂的语法系统,能够理解并创造无限量的句子,这表明人类的语言器官是以最简约的方式生成句子的。研究 I-语言系统的句法理论应该以"简约"为原则,这要求句法研究的主要方法应该是演绎。句法理论的本质应该是句子推导,而不是句子描述。

（三）传统语法

传统语法是以古拉丁语和古希腊语为传统，始于古希腊和古罗马，在中世纪得到进一步的发展，盛行于18世纪末并长期统治欧洲句法研究和语言教学的语法理论。它重书面语，轻口头语，试图以一个标准来规范语言和纯化语言，所以又被称为规定性（prescriptivism）语法。它常被学校采用，故又被称为学校语法（school grammar）。然而，从广义上讲，传统语法还包括19世纪末兴起的学术性传统语法（scholarly traditional grammar）。在由学校语法发展到学术性传统语法的过程中，传统语法也由规定主义发展为描写主义（descriptivism），并试图如实描写语言变化和语言的实际运用情况。

美国语言学家哈仕（W. Harsh）归纳道：简单地说，传统语法是按照意义和说话人的意向（如陈述、疑问、祈使、感叹等范畴）来解释句子的一种语法体系。其基本方法是划分词类和明确句子成分的功能。

1. 亚里士多德和柏拉图的句子结构思想

关于词的形式（发音）与意义的关系问题，古希腊哲学家分成两派。一派是以柏拉图为代表的自然派（the Naturalists），认为词的形式（发音）与意义之间有一种本质的、必然的自然联系（an intrinsic correspondence between sound and sense）。一派是以亚里士多德为代表的习惯派（the Conventionalists），认为词的形式（发音）与意义不是同一的东西，两者之间没有必然的联系。某个词的意义用一定的语音形式来表现，这是在长期的语言交际过程中固定下来的，是社会约定俗成的，也可以说是语言领域中的"一种社会契约"（a kind of linguistic social contract）。在语言形式分析上，在西方柏拉图第一个提出了划分词类的思想。他从意义出发将词划分为主词（onoma）和述词（rhema）两类。主词大致相当于现在的名词，述词大体相当于现在的动词。作为学生的亚里士多德在继承老师的主词和述词划分的基础上,提出了第三个词类:连词(syndesmoi)。

第一,亚里士多德的连词概念不同于现今我们所说的连词,它包括不属于主词和述词的所有词类(即现今的连词、介词、代词、冠词等),也就是没有曲折变化的那些词。

第二,他开始注意到名词的格的变化和动词的时态变化。

第三,他第一个把词解释为最小的有意义的语言单位。此外,他还讨论了句子的句法结构与句子的客观真实性之间的关系,对后来的生成语义学和蒙塔古语法有一定的影响。

2. 斯多葛学派有关词类的思想

作为一个哲学派别,斯多葛学派十分注意对语言的本质问题的探讨。他们认为语言的外部形式表达了有关人类本质的内在实质。有人据此认为这便是转换生成语法中的表层结构和深层结构的最初萌芽。

斯多葛学派在名词、动词和连词的基础上,增加了冠词,将词类扩充到四类。同时,他们还把名词细分为普通名词和专有名词,并解决了名词的格的问题。名词的格分为主格(nominative)、宾格(accusative)、与格(dative)、属格(genitive)和呼格(vocative)。然而,公元前1世纪,一位亚历山大里亚(Alexandria)学者狄俄尼修斯·特拉克斯(Dionysius Thrax)撰写了第一部系统的希腊语法《语法术》,才真正地确立了语法的系统性。该书研究的对象是规范的文学语言。作者在分析作品的词汇时讨论了8个词类,即名词、动词、分词(participle)、代词、介词、冠词、副词和连词。他对每一类词都有详细的定义,并附有足够多的例句。在词类划分上,他既采用了形式标准(即词尾和词与词之间的相对位置),又使用了意义标准。这种形式和意义双重标准的划分法一直沿袭至今。他的8个词类的划分也为后世所沿用。尤其值得一提的是,他"以词法为先导来建立语法"是后世语法书编撰的一个模式,也是传统语法的一大特点。

第四章　句法学理论指导下的英语教学研究

另一位亚历山大里亚学者阿波洛尼·狄斯柯利（Apollonius Dyscolus）在公元 2 世纪编撰的《论句法》是西方第一部句法专著，开创了句法研究的传统。该书提出的句法体系对后世的影响长达两千年之久。我们现今使用的句法体系，其轮廓也源于狄斯柯利。他第一个探讨了动词的及物性。他认为，及物动词表示主语发出的动作作用于宾语上。换言之，他事实上提出了施事（agent）与受事（patient）的概念。

3. 中世纪经院学派有关意义的实质的思想

在"黑暗时代"的欧洲中世纪，语法分为两种，即教学语法和哲学意味很浓的经院语法（scholastic grammar）。这一时期，教学语法中唯一有意义的改革是将形容词从名词中分离出来，代替分词作为一个独立的词类。

4. 17 世纪唯理主义和经验主义的有关语言和思维的关系的思想

在文艺复兴时期末期的 17 世纪发生了以笛卡尔（René Descartes）为代表的唯理主义（rationalism）和以洛克（John Locke）为代表的经验主义（empiricism）之间的著名的哲学论战。

笛卡尔认为，人的一些能力和观念是由于遗传而与生俱来的，尽管人的知识、技能等大都来自经验。譬如，人们能学会语言和创造性地使用语言，完全是由于人脑中具有某种天生的、内在的抽象机制。此观点与现今乔姆斯基（N. Chomsky）所阐释的语言能力（language competence）非常接近。

以洛克为代表的经验主义者则认为，人类的一切知识和技能，包括语言，都是后天获得的，是由于环境不断刺激而形成的。此观点在后来的结构主义语言学那里有所继承。唯理语法学家的代表人物当属法国的阿尔诺（Antoine Arnauld）和兰斯洛（Claude Lancelot），他们合著有《唯理普遍语法》。唯理语法学家认为，语言的功能是传达思想，任何自然语言都是人类思维的内部机制的外部表现。由于人类思维的共同性和语言形式的多样性,他们提出了语言具有外部形式(outer form)和内部形式(inner form)的思想。语言的外部形式就是像句子这种可以观察到的外部语法形式。外部形式里面则存在着某种抽象的、基本的、全人类共同的观念,这就是语言的内部形式。同一观念在不同的语言中,甚至在同一语言中,有多种不同的外部表达形式,这便是唯理语法的核心,也是20世纪转换-生成语法学家的灵感来源(殷钟崃,周光亚)。可以说,转换-生成语法理论是来源于唯理语法的。事实上,转换-生成语法对传统语法是有继承关系的。

5.18世纪有关英语语言正确性的思想

在称为"理性时代"(the Age of Reason)的18世纪,语言研究的显著特征是追求所谓秩序(order)和规则(regularity),因为秩序和规则是所谓"理性"的体现。在这一时期产生了使英语标准化(standardize)、净化(refine)和固定化(fix)的所谓"三化"倾向。标准化是指语言规定出若干规则,使之成为所谓正确用法的标准;净化即是消除语言的不规范现象,以改变混乱状态;固定化是指把语言按所谓理想形式永远固定下来。

1755年,塞缪尔·约翰逊(Samuel Johnson)编撰的《英语词典》(*A Dictionary of the English Language*)为英语的规范化和标准化做出了重要贡献。塞缪尔·约翰逊首次把英语单词的拼写形式规范化,并对每一个单词的词义进行了详尽注释,同时引用大量经典作品中的例句加以说明,该词典具有较高的使用价值。

尽管塞缪尔·约翰逊在很大程度上解决了英语词汇规范化的问题,但英语句子结构还需要进行标准化、净化和固定化。因而,编写英语语法便成了18世纪后半叶英语规范化运动的主要内容。这一阶段出版的语法著作主要有:

罗伯特·洛思(Robert Lowth)的《英语语法简介》(*A Short Introduction to English Grammar*, 1962),被称为规定主义传统

第四章 句法学理论指导下的英语教学研究

语法的经典,对后世影响极大。

詹姆士·布坎南(James Buchanan)的《大英语法》。

林德利·默里(Lindley Murray)将罗伯特·洛思的语法做了改写,以适应教学需要,便有了有名的《各年级适用的英语语法》。此书同罗伯特·洛思的《英语语法简介》一并构成了英语学校语法的基础,其影响悠久,直至今日的英语语法教学也还未摆脱其框架的束缚。

约瑟夫·普里斯特利(Joseph Priestley)的《英语语法入门》是18世纪唯一一本有影响的描写主义的语法著作。

6.19世纪比较语言学的有关语言历史的思想

历史比较语法在19世纪蓬勃兴起,语言学家的兴趣为追溯语言的源头和确定语言间的亲缘关系所吸引。历史比较语法学家认为,由于多种多样的人类语言分别采用自己的独特方式,因而,对每一种语言都必须以自己的方法进行分析。他们试图让人们知道语言变化是不可避免的,而语言学家则应该把自己的工作目标定为记录语言的发展和现状。他们认为语法唯一可以信赖的基础是实际用法,而在实际用法中,口语是最活跃的,理应受到语法学家的高度重视。

为了研究口语,语音开始受到广泛重视,在语言变化中,语音是最活跃的因素,因此,历史比较语法学家十分重视对语音进行系统的、科学的描写。这一时期的英语历史语法研究著作有:威廉·惠特尼(William D. Whitney)的《英语语法精要》,亨利·斯威特(Henry Sweet)的《新英语语法》,亨德里克·波茨玛(Hendrik Poutsma)的《现代近期英语语法》,乔治·柯姆(George Curme)的《英语语法》,奥托·叶斯柏森(Otto Jespersen)的《按历史原则编写的现代英语语法》。以上这些语法著作的作者在深刻了解英语发展史以及其方言状况的基础上,参照印欧语、日耳曼语、古英语和中古英语来描述,企图阐明语言是怎样发展的,语言又将怎样向前发展。

7. 奥托·叶斯柏森与英语语法

奥托·叶斯柏森(Jens Otto Harry Jespersen,1860—1943年)是世界公认的杰出语言学家。在19世纪最后20年和20世纪前40年,他活跃于广阔的学术领域,主要有语言学、语言进化、语言史、语法哲学、英语语音学、英语语法学、语言习得、外语教学,以及人工语言。他留下了大量论著,主要包括《语言》《语言进化》《语法哲学》《按历史原则编写的现代英语语法》《英语的发展和结构》《分析句法》等。

在语言理论上,叶斯柏森继承了洪堡特的学术传统,又预示了乔姆斯基转换生成语法。然而,在语言功能方面他和韩礼德又有许多共同之处。所以,很难简单地把他的语法说成是形式语法或是功能语法。格里森把叶氏语法称为重视结构功能的功能语法,而莱昂斯则把叶氏看成是老派语法学家的杰出代表,站在传统语法与现代语法之间。

叶斯柏森强调形式和实际用法,强调语音在决定语法范畴中的重要性,认为语法应该首先解决语音的问题,其次才能着手书面的问题。这正是结构主义语法的基本观点。

叶斯柏森对转换生成语法的启示主要体现在他强调语言的创造性(creativity)及从外部(形式)或从内部(意义)来观察语言现象的方法上。这种外部表现形式和内部意义的区分颇像转换生成语法中的表层结构(surface structure)和深层结构(deep structure)的区别。

或许是受到达尔文的生物进化论的影响,叶斯柏森提出了语言进化论,认为语言同人类一样,是从复杂、紊乱的原始形式朝着有规律的、合乎逻辑的和更有效的方向发展。他承袭了洪堡特的观点,认为语言的本质是人的活动,是一个人让别人了解自己的活动,是另一个人了解前一个人思想的活动。这清楚地说明语言是人与人之间的交际活动。叶斯柏森的这一观点与韩礼德的"语言最好视为一种活动:具体地说,是人们在社会上的一种活动"

的语言观相同。

叶斯柏森编撰的语法巨著《按历史原则编写的现代英语语法》囊括了英语语法的各个方面。全书共有七卷,其中第一卷专讲音素和拼写,第七卷讲形态学,其他五卷都是讲句法。他在此书中独创了不少自己的术语。譬如,用"形态学"(morphology)代替了传统术语"词法"(accidence)。他主张对语法现象的描述有必要从外部(形式)和内部(意义)这两个相对的角度进行考察。他将前一部分称为形态学,将后一部分叫作句法,这两部分合起来加上语音学就构成完整的语法概念。叶斯柏森的这种语法体系的划分法为以后的语法学家所仿效,形态学也成了语法学中的一个重要的分支学科。

第二节 句法学的研究内容

一、句法规则的递归性

依据短语结构规则理论,句子的组合规则十分有限,基本规则如(1)所示:

(1):

a. S → NP VP

b. NP →(Det)(Adj)N(PP)(S)

c. VP → V(NP)(PP)(S)

d. AP → A(PP)(S)

e. PP → P NP

(1)提供的短语结构规则可以产生各类句式。如果我们稍加仔细观察一下(1)的模型,便可以发现这种组合规则不仅可以生成数量无限的句子,而且还可以生成长度无限的句子。从理论上讲,这些短语结构规则具有无限递归性或无限循环性,即各种短语和句子能够循环组合起来,生成的句子也可以长度无限。例如：(1a)可以包含(1b-e),(1b)可以包含(1a)和(1e),(1c)可以包含(1a)、(1b)和(1e),(1d)可以包含(1a)和(1e),(1e)可以包含(1b)。我们可以从这种"你中有我,我中有你"的循环组合模型中得出这么一种结论：语言的句法规则是有限的,而生成句子的数量却是无限的,句子的长度也可以是无限的。这种有限与无限的关系还可以通过例(1)和例(2)中的语言事实来表明：

例 (1) a. [I love syntax]

  b. [You know [that I love syntax]]

  c. [Everyone knows [that you know [that I love syntax]]]

  d. [... [that everyone knows [that you know [that I love syntax]]]]

例 (2) a. [The little girl saw the man with a telescope]

  b. [The little girl saw the man with the telescope [which was purchased at a new shop]]

  c. [The little girl saw the man with the telescope [which was purchased at the new shop [whose owner was a good friend of the little girl]]]

  d. [The little girl saw the man with the telescope [which was purchased at the new shop [whose owner was a good friend of the little girl [...]]]]

例(1a)和例(2a)的两个基本句子在例(1b)和例(2b)的句子中得到延长,而且可以朝两个不同的方向延长,在例(1c)和例(2c)中再一次得到了延长。句子的递归性不仅可以体现为两头延长,而且还具有内嵌句中、中部膨胀、无限扩张的特点：

例 (3) a. [The man left school without explanation]

  b. [The man [who registered as a graduate student] left school without explanation]

  c. [The man [who registered as a graduate student] [of medium height] left school without explanation]

d. [The man [who registered as a graduate student] [of medium height] [wearing gold-rimmed spectacles] left school without explanation]

e. [The man [who registered as a graduate student] [of medium height] [wearing gold-rimmed spectacles][with a scar on the cheek] left school without explanation]

f. The man [who registered as a graduate student] [of medium height] [wearing gold-rimmed spectacles][with a scar on the cheek] [...]left school without explanation]

从理论上看,例(1)、例(2)和例(3)的3类句子还可以继续延长,如例(1d)、例(2d)和例(3f)所示,直至永远。自然语言的这种递归特质耐人寻味。

二、句法结构的自治性

从本质上看,语言的句法规则不取决于社会规约功能,而在于自身的结构依赖体系,这就是句法的结构自治性或独立性。

我们从自然语言的句子表现中发现,任何语言的句子成分都不是"词加词"的机械组合,不是"词叠词"的线性排列,而是通过一些大于词的"短语结构"组合而构成的一种层级结构。换言之,句子的结构成分不是词,合乎语法的句子是依赖"短语结构"的层级关系而构成的。

例(4)a. He is friendly.

b. Is he friendly?

从表面上看,例(4b)中疑问句的形成是由于例(4a)中陈述句的第二个词 is 移位至句首而导致的。这一结论似乎得到了例(5)的印证:

例(5) a. He is handsome.

　　　b. Is he handsome?

但是例(6)却无情地否定了上述结论：

例(6) a. The young man is friendly.

　　　b. *Young the man is friendly.

　　　c. Is the young man friendly?

导致合乎语法的例(6c)不是移动了第二个词 young，而是第四个词 is。这一结论得到了例(7)的支持：

例(7) a. The young man is handsome.

　　　b. *Young the man is handsome.

　　　c. Is the young man handsome?

但是这种结论仍然是基于机械的线性排列而得出的，刻意按照词在句子中的线性排序来移动某个词是得不到合乎语法的疑问句的。以上例句以及例(8)和例(9)表明：在英语一般疑问句中，所移动的句子成分不是某个固定序列词，也不是任何一个谓词，而是主句中的谓词：

例(8) a. The young man who is friendly is handsome.

　　　b. Is the young man who is friendly handsome?

　　　c. *Is the young man who friendly is handsome?

例(9) a. The young man is a student who is obsessed with the syntactic study of language.

　　　b. Is the young man a student who is obsessed with the syntactic study of language?

　　　c. *Is the young man is a student who obsessed with the syntactic study of language?

这种句法结构的自治性既不受其他任何认知系统的制约，也独立于语言使用的社会规约。

第四章　句法学理论指导下的英语教学研究

三、句法的心理现实性

内化语言的句法规则不是一种任意编排的结构系统,而是具有心理上的现实性或真实性,即必须合乎人的语言直觉。句子不可以任意分割,如例(10):

例(10) John likes Chinese food.

例(10)中的句子不可以随意分割为四个等同部分,如例(11a),或三个部分,如例(11b),或两个部分,如例(11c):

例(11) a. John / likes / Chinese / food.
　　　　b. John likes / Chinese / food.
　　　　c. John likes / Chinese food.

例(11)中的三个句子分割方式都不合乎人的语言直觉,在说话者和听话者的心理上并不真实。具有心理现实性的结构应该是例(12)所体现的句子层次分明的成分结构:

例(12) [John [likes [Chinese food]]]

有时我们在说话时会省略某些成分,甚至是重要的句子成分,例如我们在说汉语时有时会省略主语:

例(13) A:(他)走了吗?
　　　　B:(他)走了。
　　　　A:(他)独自走的?
　　　　B:不,(他们)一起走的。

表面看来,例(13)的对话缺省了主语,但我们凭借直觉明白句子的主语是存在的,尤其是带有"独自"和"一起"词语的两个句子,这些词语充分说明句子具有心理现实性的主语成分。又如:

例(14) a. I asked her to do it herself.
　　　　b. I asked to do it myself.
　　　　c. *I asked her to do it myself.

例(15) a. I promised her to do it myself.
　　　　b. *I promised her to do it herself.

在上述例句中，所有动词不定式的主语都未显现，但是句子中 herself 和 myself 却暗示着空语位置上的心理主语。例（14a-b）和例（15a）之所以合乎语法是因为暗指的动词不定式主语具有心理现实性，而例（14c）和例（15b）违背了人的语言直觉，不具备心理现实性，因而是误句。再如：

例（16）a. Mary asked John to hurt himself/* herself.

b. *Peter asked John to hurt themselves.

例（17）a. *John did it together.

b. They did it together.

例（18）a. John did it alone.

b. They did it alone.

上述例句中的误句都不具备心理上的现实性，同时也违背了普遍语法的约束原则。我们再来看两个句子：

例（19）To be or not to be that is a question.

例（20）Visiting professors can be interesting.

例（19）中的 that 是句子的形式主语，而心理上的真实主语却是小句 to be or not to be，小句自身包含了两个类似句子的动词不定式，每个动词不定式都含有一个论元结构，但是论元结构中的主语论元和补语论元却未显现。句子成分形式上的缺位并不能说明心理上命题概念的缺位，说话者和听话者都心知肚明，to be or not to be 的主位和系表位在心理概念上是占位的。例（20）中的句子可以有以下两种解读：

例（21）a. 登门拜访教授是一件很有趣的事。

b. 来访的教授们是一些很风趣的人。

如果我们将例（20）句子中的助动词 can 删除，将 be 改写成 is 或 are，我们便可以得到两个意义明确的句子，见例（22）：

例（22）a. Visiting professors is interesting.

b. Visiting professors are interesting.

以上分析表明，句子具有表层结构和深层结构，表层结构上意义模棱两可的句子，在深层结构上必然有着不同的展现。语言的深层结构构成了我们的心理语法,凡是在深层结构层次上明确无误的句子都具有心理现实性,从而确保表层句子的不同意义都能得到正确解读。

第三节 句法学理论指导下的英语教学策略

一、文化对比策略

文化对于语法教学影响深远,因此教师可以采用文化对比的方法展开教学,让学生不断对英汉语法的差异有所熟悉,培养他们的跨文化交际意识与能力。

众所周知,我国学生是在母语环境下学习英语的,因此不知不觉地会形成母语思维方式,这对于英语学习而言是非常不利的,甚至在组织语言时也掺杂了汉语的成分。基于这样的情境,英语教师就需要从学生的学习规律出发展开对比教学,使学生不断认识到英汉语法的差异,这样便能使学生在发挥汉语学习正迁移的前提下,掌握具体的英语语法知识。

二、三维教学策略

在具体教学过程中,英语教师都倾向于两种教学方法,一种是注重语言形式或语言分析的教学方法,另一种是注重语言运用的教学方法。这两种方法各有侧重,但实践证明,将两种方法结合起来才会更加有效。从交际角度而言,语法不仅是各种形式的集合,语法结构也不仅有句法的形式,也可以运用具体的语言环境来表达语义,可以将这三个方面表述为形式、意义和用法。美国语法专家拉森-弗里曼(Larsen-Freeman,1995)提出了基于form、meaning、use三个维度上的三维教学法,将语言的形式意义和用法有机结合起来。其具体模式如图4-1所示。

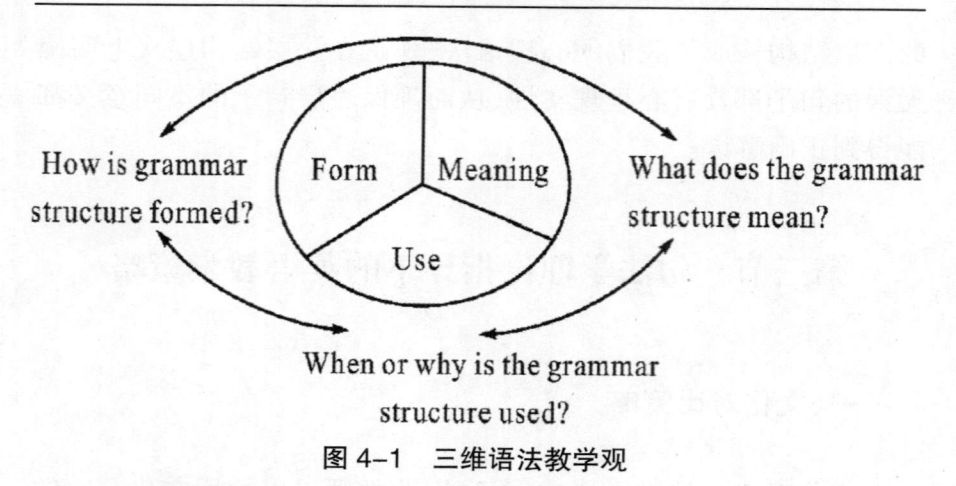

[图示：三维语法教学观示意图，包含 Form、Meaning、Use 三部分，并标注 How is grammar structure formed? What does the grammar structure mean? When or why is the grammar structure used?]

图 4-1 三维语法教学观

（资料来源：邓道宣，江世勇，2018）

三维教学法的实施包含五个步骤：热身运动、发现语法、学习形式、理解意义、应用语法。

热身运动是对上一堂课要点的复习，然后通过一些参与性活动，如听歌、表演、竞赛等形式，让学生对新的内容有所了解，调动学生的背景知识，激发学生的求知欲望。

发现语法是指学生通过教师讲解和引导，感知和发现语法现象。

学习形式是指学生在发现语法的基础上，以语法结构的形式总结出语法规则。在课堂教学中，这部分内容表现为回归课文阅读文章，通过阅读文章找出类似的形式和结构。这一阶段过后，学生能够为下一步理解、操练规则做好准备。

理解意义是指设计以意义理解为主的活动，从而促进学生对语法项目的理解，为语法的应用奠定基础。

应用语法是指教师为帮助学生掌握语法规则、提高其语法应用能力所设计的交际性好、能够促进思维发展的活动或任务。

在具体的教学过程中，教师可以根据具体的教学情况对上述几个步骤进行调整。

三、创设文化语境策略

在英语语法教学中,教师可采用情境教学法开展教学。情境教学法有着包含语法规则和知识的真实环境,可以充分调动学生不同的感觉器官,激发学生学习的兴趣,可以让学生在接近真实的情境中参与到学习中,使学生系统地掌握语法知识。语法教学通过情境化实现了认知与情感的联合,颠覆了过去只讲述语法规则的陈旧方法,学生有了使用语言的空间。而且通过情境化教学,课堂氛围更加活跃,师生关系更加和谐,学生的语法能力和交际能力会得到显著提升。具体而言,情境教学的教学途径包含以下几个。

(一)融入音乐,创设情境

青少年通常对音乐有着强烈的兴趣,因此在语法教学中,教师可将音乐与语法教学相融合,营造轻松愉悦的气氛,在聆听中学,在欢唱中学。例如,在讲授现在进行时这一语法时,教师可以让学生先欣赏歌曲,并让学生阅读该曲的歌词,然后找出歌词中含有现在进行时的句子。这样既能激发学生的学习兴趣,分散学习的难点,又能使学生在不知不觉中学到知识。

(二)角色扮演,感受情境

在英语语法课堂教学中,教师还可以组织学生进行角色扮演,让学生身临其境地学习语法知识。学生可以通过自己扮演的角色,体验相应情境下人物的言行举止、思想情感,深化所学知识,提高人文素养。

(三)运用媒体,展示情境

在语法课堂教学中,有些教学情境因条件的限制无法创设,但随着多媒体技术的发展及其在教学中的运用,这一缺陷被弥补了。多媒体教学素材丰富多样，包含图像、图形、文本、动画以及声音等，将对话的时空体现得生动和形象，图像和文字都得到了充分的体现，课堂氛围不再沉闷死板，学生的感官得到了调动，加深了学生的印象，提高了学生参与课堂教学的积极性，教学和学习效率也得到了显著的提升。

（四）设计游戏，领悟情境

设置符合学生心理和生理特征的语法教学游戏，可以激发学生的学习积极性，让学生积极参与其中。而且生动活泼的游戏可以调动学生的多种感官，使学生原本觉得困难的语法结构也变得简单许多，从而使学生在潜移默化中掌握语法知识。

四、翻转课堂教学策略

翻转课堂也是随着信息技术的发展而产生的一种新型教学模式，将该教学模式运用于英语语法教学，可有效调动学生学习语法的兴趣，促进学生的自主学习能力，提高学生的独立思考能力，进而培养学生的语法能力。翻转课堂这种教学模式不再以教师为中心，而是以学生为中心，教师只是起到辅助作用，学生是教学环节的重点，师生之间处在相互互动的状态。翻转课堂语法教学模式流程如图4-2所示。

（一）提升微课制作水平，借鉴网络教育资源

相较于传统的语法教学模式，翻转课堂最大的特点在于以视频微课代替了"黑板+粉笔"的教学方式。但对已经习惯了传统教学模式的英语教师来说，很难在短时间内适应视频微课这种形式，因此教师首先要熟练掌握微课的制作技术，灵活运用各种制作软件；其次要重视视频微课内容的整合与加工，在内容选择上要结合课本语法知识，并借鉴网络上优质的教育资源制作短小精致、内容丰富的数字化课程资源。

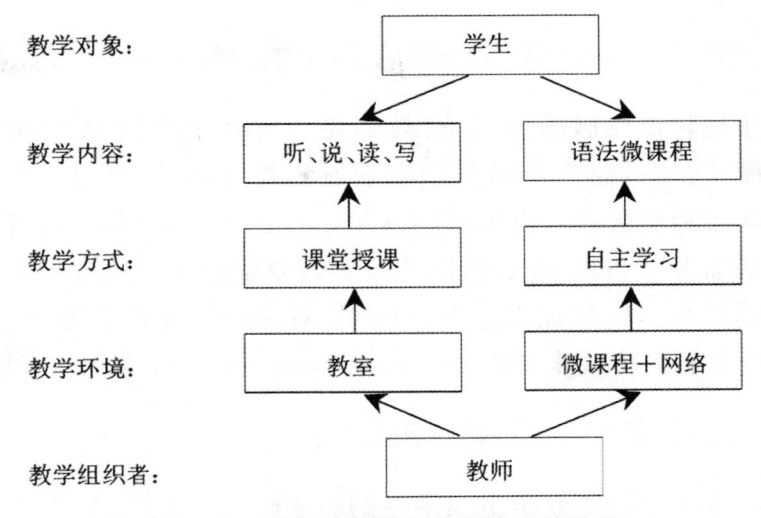

第四章　句法学理论指导下的英语教学研究

图 4-2　翻转课堂语法教学模式的流程

（资料来源：张晨晟，2019）

（二）拓宽师生互动渠道，确保语法教学效果

制作视频微课是翻转课堂语法教学的前提，后期的检查、实施和监督是更加重要的部分，因此师生之间应保持多维互动。首先，教师要指导学生观看视频微课，并对学生的学习内容和时间进行计划，把握学生学习的进度；其次，教师要利用社交软件建立 QQ 群和微信群等，加强与学生线上线下的互动，对学生在自主学习中遇到的问题进行解答，促进师生和生生之间的讨论，实现英语语法知识的消化和吸收。

（三）关注语法难点，提升教师答疑解惑的能力

基于翻转课堂，教师将制作好的视频微课上传到网络平台，学生自行下载，并在固定时间内完成自主学习，而对于遇到的语法知识难点，除了课堂学习、小组讨论外，更多由教师在课堂上统一解答或个别辅导。对此，英语教师应不断充实自身的语法知识储备，提升自己的语法能力，从而更好地解答学生的疑难问题。

(四)开展差异化教学辅导,促进学生自主学习

在翻转课堂教学模式下,教师要更新教学理念,改变传统的教学模式,主动融入和参与学生学习的各个环节,成为学生学习的指导者和监督者。由于不同学生之间存在巨大的差异,有着不同的基础水平和认知结构,因此教师需要采用不同的辅导方式来对不同层次的学生加以辅导,特别是对那些自律性不强的学生,更要采取有效方式来加以辅导,促进他们进行自主学习。

(五)重视教学评价,建立激励机制

翻转课堂语法教学重在学生的自主学习,为了掌握学生自主学习的频率以及参与程度,确保翻转课堂教学的效果,对学生进行考核评价就显得十分必要,而且这种考核要贯穿于课堂教学的全过程,并且评价形式要多样化,包括学生自我评价、小组评价、教师评价等多种考核评价形式。这种全方位的考核评价机制有利于教师掌握学生对语法教学的参与度和配合度,便于教师了解学生对语法知识的掌握程度,而且对学生有着正向的激励作用。

总体而言,在文化全球化时代背景下,英语词汇和语法教学应紧跟社会和教学改革发展的趋势,结合文化开展教学,即在教授词汇和语法知识的同时,融入英语文化知识,进而培养学生的文化素养,提高学生的综合能力以及运用词汇和语法知识进行跨文化交际的能力。与此同时,教师要持有客观的态度,不能一味地导入英语文化,还应传授汉语文化知识,从而树立学生的文化自信,使学生运用所学知识传播中国文化。

第五章 语义学理论指导下的英语教学研究

作为语言学的一个分支,语义学注重研究某一特定语言的语义现象,并且对这些语义现象进行客观和准确的描述。语义是一种极为复杂的语言现象,语义学涉及的理论也非常宽泛。本章会在阐述语义与语义学、语义学理论的基础上,探讨其理论在英语教学中的应用。

第一节 语义与语义学

一、语义

要研究语义学,首先应该了解什么是语义。然而,截止到目前,学者们还没有对其产生统一的看法。实际上,语义主要涉及两个内容:一是词的意义,二是句子的意义。20世纪60年代之前,词的意义是学者们研究的重点,而句子的意义往往被忽视。词的意义一般就是从词典上可以查到的定义,然而,因为词典是由编纂者根据人们日常使用的不同的词编写而成的,所以词的意义往往是由用词决定的,而不是词典决定的。

人类使用着的语言往往可以揭示我们生存的这个世界。古希腊著名哲学家柏拉图(Plato)指出语言中的某个词属于语言的形式,而语言的语义则是其所代表、所指示、所表示的世界中的实体,即指称。简单地说,词就是事物的名称。例如,cat(猫)一词就代表了属于这一类动物的实体。这就相当于给事物命名。然而，世界上也有一些没有指称的词，如 dragon（龙），love（爱），Santa Claus（圣诞老人）等，但它们是有意义的。又如，在1994年，短语 the Prime Minister of Britain 和 the Leader of the Conservative Party 的所指都是 John Major。尽管它们的指称相同，但意思却完全不同，the Prime Minister of Britain 不可以定义为 the Leader of the Conservative Party，同样，the Leader of the Conservative Party 也不可以定义为 the Prime Minister of Britain。

还有学者认为，词的意义就是大脑中的意象。例如，dragon（龙）、love（爱）、Santa Claus（圣诞老人）在世界上是没有实体存在的，但我们可以在头脑中构筑它们的意象。但是，有一些词的意象是难以在大脑中构筑起来的，如 nitrogen（氮），forget，if 等。需要指出的是，同一个词在不同的人的大脑中所构筑的意象是不同的。例如，lecture 一词，学生对其的意象可能是一个人站在黑板前讲话，而教师的意象则可能是一排排学生面对自己听讲以及粉笔拿在手中的感觉等。可见，教师和学生由 lecture 一词产生的意象完全不同。

近些年来，一些语言学家也开始注重对句子意义的研究。句子意义往往取决于组成句子的词汇单位的意义，但并不是这些词的意义的总和。例如：

（1）The goose chased the duck.

（2）The duck chased the goose.

尽管以上两个句子中包含的词一模一样，但因为词的位置有所不同，所以意思也有很大不同。可见，词在句子中的位置决定着一个句子的语义，这种因为词在句子重点的顺序等产生的意义就是"语法意义"。

另外，影响句子意义的另一个因素在于词的组成成分结构。例如：

There are young women and men.

例中的短语存在歧义，其包含两层意思：一是 young 仅修饰

women,即:

There are (young women) and men.

另一层意思为 young 修饰组成成分 women and men,即:

There are young (women and men).

又如:

The mother of the boy and the girl will arrive soon.

可能有两层意思:

(1)The (mother of the boy) and the girl will arrive soon.

(2)The (mother of the boy and the girl) will arrive soon.

二、语义学

(一)语义学的界定

语义学是指对语言意义进行研究的学科,其具体涉及语义的内涵、特征、类型、语义关系、语义形成等内容。

实际上,早在几千年前,人们就开始了对语言意义的研究,但将语义学作为一门独立的学科是在几十年前。在 20 世纪以前,语义学属于传统语言学的一部分,其并非独立的学科,其涉及的内容甚至属于词汇学的范畴,如词汇的意义等。进入结构主义时期,语义仍然没有引起学者们的重视。20 世纪 50 年代,由于义素分析以及语义场理论得以形成,语义学开始分离出来,成为一门独立的学科。如今,语义学成了现代语言学中与词汇学、语用学等地位平行的学科。

(二)语义学的处境

意义问题是现今人们所关注的焦点。为了把各种人类行为转变为人类学,把各系列事件转变为历史,我们不得不去探寻人类活动的含义和历史的含义。

在我们看来,人类世界本质上可定义为意义的世界。世界只有意谓什么才称得上是"人"的世界。因此,只有在探寻意义的活动中,诸人文科学才能找到它们的共同点。因为,如果说各门自然科学在探知什么是人和世界的话,那么诸人文科学就是以多少有点明晰的方式给自己提出了人和世界意谓着什么的问题。

就意义问题的界定这一共同愿望看,语言学最有资格当此重任,因为这门学科得到了更为详尽的阐述,更形式化,可以向其他学科提供它的经验和方法。故此,在19世纪50年代的法国,语言学压倒其他学科,获得了主导学科这一令人羡慕的称号。语言学所获得的优越地位只会造成一种带有悖论色彩的局面:从一个几乎什么都没有发生的所在辐射出一种双重效应。

第一个效应是荣耀必须付出的代价,而早在语言学之前,社会学、精神分析学就有过这样的经历。我们知道,这一效应名谓"通俗化",其特征是扭曲一门学科的方法论结构,取消该学科诸概念之间往往是最基本的对立。结果,被贫化和扭曲的语言学术语在一些前卫刊物上大行其道,以致语言学家极难从中辨认出自己的研究成果。

与此同时,语言学也产生了一种可靠的方法论效应。但这种方法论效应不是严格意义上的方法借用,而是指认识论态度,某些模型和发现程序的移植。这种移植丰富了梅洛－庞蒂(Merleau-Ponty)、列维－斯特劳斯(Lévi-Strauss)、拉康(Lacan)、巴尔特(Barthes)一类学者的思考。而在这些认识论模型和它们所适用的领域之间不无差距,该差距只会促使这些模型趋向个性化。如果说由此产生的大量研究成果使行家们现在得以谈论"人类学法国学派"的话,那么缺少一种方法论催化剂就更加令人感到遗憾了。该催化剂作用自然是语言学所起的作用。奇怪的是,语言学应承各方所求,但对任何语义研究往往犹疑不决,甚至抱有敌意。

第二节　语义学的研究内容

一、语义场

相互关联的某些事物、现象可能或者必然聚集在同一个"场"内,所以语义学借助物理中的"场"(field)的概念对事物、现象之间的相互关系展开了探讨。

语义场是由语义系统中的一组具有一定共同语义特征的语义单位组成的聚合体。其可能是同一位置上可以相互替换的词语的集合,还可能是同一话题下的性质相近的词语。例如,rose,lily,carnation,lilac,tulip,violet 等构成了语义场 flower(花);grandfather,grandmother,grandson,granddaughter,father,mother,son,daughter,uncle,aunt,cousin,nephew,brother,sister,son-in-law,daughter-in-law,brother-in-law,sister-in-law 等构成了语义场 kinship(亲属关系)。再如,在 wild animal(野生动物)这一语义场下,可以列出 tiger,lion,fox,panda,monkey,wolf,elephant,snake 等词;而在 domestic animal(家畜)的语义场下可以列出 dog,cat,pig,chicken,duck,goose,sheep,cow,horse 等词。将 wild animal 和 domestic animal 合在一起还能构成 animal 这一语义场。

语义场可以大致分为三种类型:顺序语义场、分类语义场和关系语义场。

所谓顺序语义场,是指某一语义场中的语言单位在时间、空间内按照一定顺序排列,或者语言单位的语义按照一定规律递增或递减。例如:

Sunday—Monday—Tuesday—Wednesday—Thursday—Friday—Saturday(星期日—星期一—星期二—星期三—星期四—星期五—星期六)

spring—summer—autumn—winter（春天—夏天—秋天—冬天）

primary school—middle school—university（小学—中学—大学）

分类义场通常表示同一类的现象、行为、状态、性质等。例如,行为语义场之下包含：吃(eat)、打(hit)、玩(play)、欺骗(cheat)、拉(pull)、哭(cry)、学习(study)等；物质形态语义场之下包含：固态(solid)、液态(liquid)、气态(gas)等。

因为不同语义单位之间在逻辑、心理、文化、价值等方面存在一定关系,所以出现了关系义场。显然,关系义场中的词语之间存在相互依存的关系,所以我们往往能借助词语之间的关系由一方来推知另一方。

具体而言,关系义场主要包括两种：同义义场(synonymy)和反义义场(antonymy)。其中,同义义场包含方言同义(dialectal synonym)、文体同义(stylistic synonym)、搭配同义(collocational synonym)、语义上有差异的同义(semantically different synonym)等种类；而反义义场则包括分级反义(gradable antonyms)、互补反义(complementary antonym)和关系反义(relational antonym)等。

二、语义关系

（一）词汇意义

因为不同词汇之间的意义存在一定联系,所以词汇的语义关系非常复杂,而且形式多样。对语义关系进行研究可以深化对词汇的研究和理解,同时对词汇习得、交际过程中词义的把握甚至在交际过程中的信息获取都非常有帮助。这里简单介绍常见的词义关系。

1. 一词多义和同形异义

简单来说,两个意义相同的词就是同义词。反过来,两个或

第五章　语义学理论指导下的英语教学研究

两个以上意义不同但词形相同的词就是一词多义。词形相同但词义不同的词就是多义词。例如，flight 是一个多义词，其一共有六个意思：passing through the air, distance covered by a flying object, air journey, unit of the Royal Air Force, a group of birds or aircraft flying together, swift passing, a set of stairs。

多义词的不同意义之间是有一定联系的。其中有一个意义为原始意义，而其他意义就是派生意义；或者其中一个意义为中心意义，其他意义就是次要意义；或者其中一个意义为字面意义，其他意义就是比喻意义。

例如，cool 的字面意思是"凉的"，主要用于比喻"不友好的""不热情的"。

一些词形式相同，但意义不同，这种现象就属于同形异义，这种词就是同形异义词。例如，bank 包含两个意思，并且两个意思之间没有任何联系。一个意思为"河岸"，另一个意思为"银行"。此时，代表不同意思的 bank 就属于同形异义词。

词的意义之间是否存在联系可以区分同形异义词与多义现象。如果没有联系，就属于同形异义现象；如果有联系，就属于一词多义。

同形异义词主要包括同形同音异义词、同音异形异义词和同形异音异义词三种类型。其中，拼写与发音相同，但意义不同，这种词称为完全同形异义词。例如，ear 既有"耳朵"的意思，又有"穗"的意思。发音相同但拼写与意义不同，这种词称为同音异形异义词。例如，meet（遇见）—meat（肉），sow（播种）—sew（缝纫）等。拼写相同，但发音和意义不同，这种词就是同形异音异义词，如 tear/tɪə/（眼泪）和 tear/teə/（撕裂）。

2. 同义关系

意义相同或相似的词就是同义词。如果将这些有着相同或者相近意义的词放在一块就会构成同义关系。英语中包含大量的同义词。需要特别指出的是，英语中将本族语与外来语混用的同义词非常多，具体包括如下几种情况。

（1）结成一对的同义词，如表 5-1 所示。

表 5-1　结成一对的同义词示例

本族语	外来语
bodily	corporal
answer	reply
friendly	amicable
world	universe

（资料来源：戴炜栋，束定芳，周雪林，2001）

（2）三词一组的同义词，如表 5-2 所示。

表 5-2　三词一组的同义词示例

盎格鲁-撒克逊	法语	拉丁语
time	age	epoch
ask	question	interrogate
fast	firm	secure

（资料来源：戴炜栋，束定芳，周雪林，2001）

（3）英国英语和美国英语构成的同义词，如表 5-3 所示。

表 5-3　英国英语与美国英语构成的同义词示例

英国英语	美国英语
lift	elevator
petrol	gasoline
coach	bus
suspenders	garters

（资料来源：戴炜栋，束定芳，周雪林，2001）

同义词也能根据词义的相同程度分为完全同义词和部分同义词两种。顾名思义，完全同义词即意义完全相同的词，这类词的含义与用法完全相同，在不同语境中可以互换使用。然而，这类词的数量极为有限，主要是专业术语和名词，如 word building 和 word formation 的意义相同，均表示"构词法"。但是，完全同

第五章　语义学理论指导下的英语教学研究

义词在使用过程中会受人们使用习惯等因素的影响,所使用的场合也在不断变化。

部分同义词就是通常意义上的同义词。虽然部分同义词的意思相近,但用法和搭配方式具有较大差异。首先,部分同义词之间在语义上存在细微的差别。尽管部分同义词之间的意思极为相近,但仍然存在细微差别。例如,to surprise—to astonish—to amaze—to astound,都表示"吃惊",但吃惊的程度是逐步递增的。其次,部分同义词之间还存在感情色彩上的差异。按照感情色彩,部分同义词又分为贬义词、褒义词和中性词。例如,notorious、famous、celebrated 三个部分同义词中的 notorious 为贬义词,famous 为中性词,而 celebrated 有褒奖的色彩。再次,部分同义词之间在文体上存在差异。例如,die 和 decease 都有"死"的意思,但是 decease 的使用场合比 die 正式一些。接着,部分同义词之间的侧重点各不相同。例如,denote 和 connote 均有"意指"的意思,但是 denote 侧重事物的表面,是可以直接获取的信息,connote 则侧重事物暗示的某些信息。最后,部分同义词之间存在语境差异。一些意思相近或意义部分重叠的词语,只在某些特定的语境中才表示同义关系。例如,govern 的语境同义词有 direct,control,determine,tame 等。

3. 反义关系

反义关系即英语中语义相反的词语之间的关系。意义对立或相对的词就是反义词,具有反义关系的词可以表示关系、方向、性质、情感以及有取向性的动作等意义。有反义关系的词通常都是一些比较常见的词类,如形容词、名词、副词、介词以及一小部分代词。可见,不是所有词类中都有反义词。确切地说,除了介词以外的虚词都比较少有反义词。例如:

casual（非正式的）—formal（正规的）
optimistic（乐观的）—pessimistic（悲观的）
friendly（友好的）—unfriendly（不友好的）

lazy（懒惰的）— hard-working（勤勉的）

thick（厚的）— thin（薄的）

反义关系可以根据词义含义的不同分为三种词：互补反义词、相对反义词和可分级反义词。其中，互补反义词中的两个词是一种非此即彼的关系，没有中间状态，肯定一方就等同于否定了另一方，如 man—woman。相对反义词中两个词之间是一种对称关系，一个词是另一个词的反向意义，这一对反义词是对同一事物两个方面的不同描述，如 precede—follow。可分级反义词多是一些容易发生变化的形容词。

4. 上下义关系

上下义关系也称为"包含关系"或"语义内包"，即上义词与下义词之间的关系。上下义关系中包含支配词和受支配词，其中支配词就是语义较为宽泛的词，而受支配词则是语义范围较小的词。借助图 5-1 可以理解英语词汇的上下义关系。

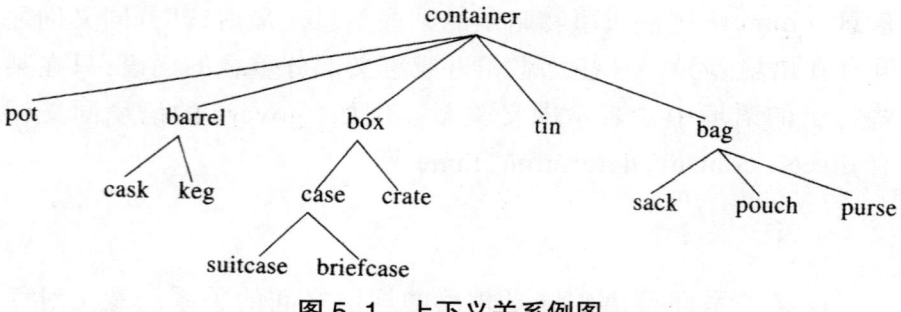

图 5-1 上下义关系例图

（资料来源：陆国强，1999）

在图 5-1 中，container 为上义词，pot、barrel、box、tin、bag 则为下义词。另外，一些下义词还包含自己的下义词。

（二）句子之间的语义关系

句子之间的语义关系主要有如下几种。

1. 蕴含关系

所谓句子的蕴含关系,是指句子命题之间的语义关系。在句子的蕴含关系中,如果 A 句为真,那么 B 句必然为真,此时就可以说句子 A 蕴含句子 B。例如:

A. The anarchist assassinated the emperor.

  无政府主义者暗杀了皇帝。

B. The emperor died.

  皇帝死了。

在该组例句中,A 句蕴含 B 句。虽然两个句子的内容不同,但是其表达的含义是相同的。

2. 预设关系

所谓句子的预设关系,是指句子之间的语用关系。预设关系存在于同一个时间层面。如果 A 句为真,那么 B 句必然为真,此时就可以说 A 句预设 B 句。例如:

A. I don't regret leaving New York.

  我不后悔离开纽约。

B. I do regret leaving New York.

  我确实后悔离开了纽约。

C. I left New York.

  我离开了纽约。

在该组例句中,A 句和 B 句均预设了 C 句。因为 A 句和 B 句都表示"已经离开了纽约"。

预设和蕴含一样,既有词汇层面上的预设关系,又有句子层面的预设关系。我们将引发预设的因素称为"预设诱发因素"(presupposition trigger)。

第三节 语义学理论指导下的英语教学策略

一、语义成分分析理论在英语教学中的应用

在英语教学中,要想更好地解释词义和区别同义词就应该使用语义成分分析理论。一个词的意义往往是由不同语义成分构成的,如果将一个词的词义成分开列出来,将可以帮助学生全面掌握这个词所代表事物的特点,进而准确地理解词的内涵。例如,stalk, strut, plod 和 limp 都有"走"(walk)的意义,但如果对其进行语义成分分析,就可以发现它们有如下不同。

stalk: to walk stiffly, proudly, or with long steps;

strut: to walk in a proud strong way, especially with the chest out and trying to look important;

plod: to walk slowly along (a road), especially with difficulty and great effort;

limp: to walk with an uneven step, one foot or leg moving less than the other。

运用语义成分分析理论还可以解释修辞格。例如,在讲授拟人修辞格时,教师就可以运用语义成分分析这一理论进行说明。personification 是指在一个词语中加入 [human] 这一语义成分,使其"人格化"。例如:

The center of the ring yawned emptily.

圆圈当中打哈欠,空心的。

Words strain, crack and sometimes break, under the burden,…will not stay in place, will not stay still.

词语在重负下绷紧,爆响,偶尔断裂,……不再坚守岗位,不再原地不动。

另外,语义成分分析理论也利于提高学生对两种语言对译的

能力。例如,在翻译"臭名远扬的"时,就要选 notorious 这个词,因为其有贬义色彩,意思为 widely but unfavorably known,而不应选 famous。

二、并置理论在英语教学中的应用

在英语语言中,并置又指搭配,其指词与词之间的一种横组合关系。并置理论主要研究的是特定的词与哪些词有结伴关系。英国著名语言学家弗斯指出,英语中某些词之间有着特定的搭配关系,它们可能会一块以结伴形式出现。例如,father 一词会经常与 shave、mother、son、daughter 等词出现在同一个句子中。[①]

由并置理论可知,语言的运用是约定俗成的,我们应遵守语言的习惯用法。如果中国学生仅按照汉语习惯而不考虑英语习惯,表达的句子可能是违反英语习惯用法的误句。[②] 例如:

(1) the old man's body is very healthy.

(2) Tom yesterday in the street saw his old friend.

因此,语义学中的并置理论可以运用于英语教学中,可以在教学中运用单词—词组—句子的教学方式,将单词与其常见搭配用法一起教授给学生。在教授英语单词时,如果教师一味地孤立教授单词的用法,会让学生难以理解,甚至使用错误。因此,教师最好将单词引入词组和句子中进行教学。例如,在讲解 come 一词时,教师可以先引入一些与该词有关的词组,如 come about(发生,产生)、come across(偶遇)、come along(出现)等,然后引导学生造句:

How did this come about?

I came across Lily, who is one of my old classmates.

When little holes come along, that's rain coming through.

这样学生不但可以理解 come 的基本意思,了解与之有关的

---

① 陈晓华.语义学与英语教学实践[J].淮阴师专学报,1994(2):62.
② 徐俊林,白臻贤.语义学与英语教学[J].发明与创新,2003(6):26-27.

词组,而且在造句过程中学会了运用。将单词、词组、句子相结合开展英语教学的方式,除了可以加深学生的印象,防止记忆混乱,还能让他们掌握词义,从而自如地使用单词。

三、语义关系在大学英语教学中的应用

在大学英语教学中,教师还可以利用语义关系向学生传授英语知识。这样不但能帮助学生明确区分词汇意义,加深学生的印象,而且能扩大学生的词汇量。语义关系包含多种类型,下面仅对同义关系、反义关系和上下义关系在英语教学中的运用进行探究。

(一)同义关系在大学英语教学中的应用

在英语教学中,教师可以运用同义关系帮助学生理解和学习新单词,即通过已学过的比较简单的单词教授新的比较难的单词,如 fantasy—dream, prohibit—ban, flair—talent 等。

此外,教师也可以运用同义句转换教授词汇,即要求学生在较短的时间里,用最接近的词语替换原句中的词语,表达最相近的意思。运用这种教学方法,不但可以测试学生的理解能力,培养他们的语感和悟性,而且可以提高学生的语言表达能力,激发他们的学习积极性。

教师也可以借助语义理论让学生明白,尽管英语中有很多同义词,但是完全相同的同义关系非常少。很多同义词存在意义、语体、情感、语境等方面的差异。

(二)反义关系在大学英语教学中的应用

反义关系是一种对立关系,其包括:等级反义关系,如 good—bad, big—small, long—short;互补反义关系,如 male—female, alive—dead, innocent—guilty;方向反义关系,如 sell—buy, lend—borrow, parent—child。在英语教学中,教师可以引入反义关系讲解词汇知识,让学生清楚地理解单词意思。

第五章　语义学理论指导下的英语教学研究

尽管教师习惯用近义词解释词义,但有些单词用反义词来讲解更容易被理解。例如,rude 一词的意思是"粗鲁的,无礼的,狂躁的"。在讲解这一单词时,要找到一个近义词去形容它就很难,但用反义词 polite 来解释就容易多了,学生可以很容易就理解其意思,并且深深地记住。

(三)上下义关系在大学英语教学中的应用

上下义关系就是意义的内包关系,如 desk 的意义内包在 furniture 的意义中。对此,教师可以根据上下义关系开展英语词汇教学。例如,在讲解 subject 一词时,教师可以引申出其下义词 mathematics, physics, chemistry, geology, biology, geography 等。学生通过梳理词与词的上下义关系,掌握新学单词,巩固学过的单词,提高词汇学习的效率。

此外,借助语义关系开展英语词汇教学除了可以帮助学生理解和掌握单词,还能帮助他们更好地理解长句子,培养学生的逻辑思维能力。例如:

People who were born just before World War I remember waving at automobiles as they passed. Seeing a car was like watching a parade—exciting and out of the ordinary.

当读完这段文字后,可能有些学生不清楚 automobile 的意思,但通过分析语义关系就可以很容易判断出该词与 car 有联系,帮助学生理解该词的意思。

第六章 语用学理论指导下的英语教学研究

语用学是一门系统性学科,是语言学的一个重要分支,其主要对语言的运用与理解展开分析。随着语言学与英语教学研究的深入,很多学者开始从语用学角度对英语教学展开研究,以开拓新的研究视角,并提升英语教学的效果。本章就对语用学理论指导下的英语教学展开研究。

第一节 语用与语用学

一、语用

语言使用的目的在于交际,是传达思想、交流情感的手段。因此,人们在运用语言时会选择适合的语境、采用不同的语言手段,传达自身所要表达的内容,并保持人际关系。

需要指出的是,要想保证交际的顺利展开,仅依靠基本的词汇、语法是远远不够的,还需要掌握一些非语言知识,如百科、文化背景等。另外,发话者还需要在交际的过程中不断合理调整语言形式与策略。可见,语言交际是一门学问,且基本的能力与恰当的策略对于交际的展开是不可或缺的。

在日常交际中,一些信息可以直接理解到,一些信息却隐含于语言之下。例如:

Teacher: What's the time?
Student: My bike was broken.

第六章　语用学理论指导下的英语教学研究

上例是教师与学生之间的对话,教师非常生气学生迟到了,学生并没有给予直接的回答,而是说"车子坏了",言外之意就是说"因为车子坏了,所以才迟到的"。其实这样的回答已经提供给了教师相关的信息,看似是答非所问的,但是教师转念一想就可以明白。

在交际过程中,语境条件也是影响交际的重要因素,也能够体现出交际人的能力。在日常交际中,一些话语看似不相关或者关联性较差,但是从语用学角度分析是可行的。例如:

Husband: How about?

Wife: The data has been taken away.

通过分析可知,上例中妻子和丈夫有着共知的信息,因此丈夫通过两个词就可以让妻子理解。对于外人来说"How about?"仿佛句子没有说完,也不可能理解,但是对于拥有共知信息的妻子来说,是非常容易理解的,因此在说话时丈夫省略了后面的内容。

很多时候,尤其是与陌生人展开交际时,语境信息往往表现为客观的环境。这时,交际方需要根据推理来理解。例如:

Passenger: I want to check my luggage.

Flight attendant: The luggage office is in the west side of the second floor.

表面上看,上例中旅客是向服务员描述一种信息,但仔细分析,旅客是在向服务员寻求帮助,询问行李处的具体位置,服务员推测出旅客所要表达的意思,给予了旅客具体的位置,使得交际顺利达成。

另外,在日常交际中,很多话语并不是为了传达信息,而仅仅是为了维护人际关系。从语义的角度分析,这些话可能是无意义的,但是从人际交往的角度来说,这些话也是必不可少的。例如:

A: It's fine today, isn't it?

B: Yeah, really fine.

上例是英美人的一种常见的寒暄方式,类似于中国人所说的"吃了吗?"表面上看,两人是在谈论天气,实际上他们并不是对天气关心,而只是作为交际的开场白而已,因此这样的话并没有什么信息量,但是这样的交际开启方式有助于搞好人际关系。

总之,上述这些例子在日常生活中非常常见,这些都是语用的范畴,且类似的现象也都不是无缘无故产生的,与特定的语境有着密切的关系。

二、语用学

对于什么是语用学,不同学者有着不同的认识,这里仅列举一些有代表性的学者及观点。

语用学是语言学的一个分支学科,因此其与语言学的其他学科有着密切的关系。著名学者格林(Green,1996)认为,语用学是包含语言学、文化学、人类学、心理学、社会学等在内的一门交叉学科。因此,要想知道什么是语用学,必然需要从不同角度入手分析。

这里再列举一些列文森(Levinson)提出的有代表性的定义,以便帮助读者从中总结语用学关注的普遍问题及其涉及的普遍因素,进而加深对语用学的理解和认识。

(1)语用学探究语言结构中被语法化或被编码的语言与语境之间存在的具体关系。

(2)语用学对语义学理论进行研究,但其中不包含意义的层面。

(3)语用学研究语言理解必需的语言与语境之间的关系。

(4)语用学对语言使用者能否将语句与语境相结合的能力进行探究。

可见,要为语用学下一个准确、全面且统一的定义是很难的。

托马斯指出,语用学研究一方面要考虑发话者,另一方面要考虑听话者,还应考虑话语的作用与影响意义的其他语境因素。简单地说,语用学的研究对象是发话者与听话者之间、话语与语境之间的互动关系。

第六章 语用学理论指导下的英语教学研究

布莱克莫尔等人(Blakemore et al.,1992)从话语理解的角度对语用学进行界定,认为听话者的语言知识与世界百科知识之间是存在差异性的,这种差异包含了语义学与语用学的差异。

事实上,在什么条件下,发话者会对具有特定意义的某个话语或结果进行分析与选择,在什么条件下,听话者会运用某种技巧或方式对意义进行理解,为何会选择这一方式。对于这些问题的分析,都是属于语用学的范畴。

第二节 语用学的研究内容

一、宏观语用学

宏观语用学是语用学研究中一个重要流派,其研究包含很多与语言运用、语言理解相关的内容。宏观语用学除了研究语言使用语境等内容外,还扩展了非常前卫的视野。从宏观角度来说,语用学研究已经向对比、词汇、语篇、修辞、文学、认知、社会等多个层面拓展。

(一)对比语用学

语言之间的比较有着渊源悠久的历史,自从语言研究诞生以来,语言之间的比较就已经存在了。通过对两种语言进行对比研究,才能揭示出不同语言在功能、形式、结果等层面的差异性。

而随着对比语言学与语用学研究的深入,对比语用学诞生,其研究始于20世纪七八十年代,其研究方法为对比语言学注入了新的活力。在语言学中,对比分析往往侧重语法层面,两种语言可以进行比较,而其使用上也可以进行比较,这种使用上的比较即为"对比语用学"。

著名学者陈治安、文旭(1999)指出,语用对比的内容包含如下几点。①

（1）英汉对比语用学的基础理论。

（2）在英汉两种语言中,语用原则运用的对比情况。

（3）在英汉两种语言中,社交用语的对比情况。

（4）在英汉两种语言中,语用环境与语用前提的对比情况。

（5）言语行为的跨文化对比研究。

（6）语用移情的对比差异及在各个领域的具体运用。

（7）英汉思维、文化、翻译中语用策略的运用。

事实上,对比语用学丰富和拓展了跨文化语用学,可以说是跨文化语用学的延伸,其比传统语言学的对比分析更为系统全面。

（二）词汇语用学

词汇语用学,顾名思义就是将词汇意义作为研究对象,基于词汇层面并融入语用机制、语境知识等,对词汇意义在使用过程中的机制与规律展开分析和探究。

在国外的语言学研究中,词汇语用学是非常重要的领域,其主要侧重于研究语言运用中的不确定词汇意义的处理问题。其研究的范围也非常广泛。

著名学者陈新仁、冉永平等人认为,在一些固定的语境中,本身明确的词汇意义却由于发话者表达意图的改变而不断进行改变,因此在话语理解时需要进行词汇信息的语用处理与调整,最终确定语用信息。

人们在探究词汇意义时,发现词汇不仅有本身意义的存在,还会涉及多种语用条件因素,它们给予词汇更深层次的意义,这就是所谓的语用意义。这些意义与本身意义存在明显的区别,且只有置于一定的语境中,人们才能理解这些深层的语用意义。

冉永平(2005)认为,在交际中,很多词汇及词汇结构传递的信息往往不是其字面意义,也与其原型意义有别。② 在语言运用

---

① 陈治安,文旭.关于英汉对比语用学的几点思考[J].外语与外语教学,1999(11):5-8.
② 冉永平.词汇语用学及语用充实[J].外语教学与研究,2005（5）:343-350.

第六章　语用学理论指导下的英语教学研究

中,人们往往会创造与合成新词,或者直接借用其他语言中的词汇。在这一情况下,要想理解话语,首先就必须借用具体的语境,从而获取该词汇的意义。例如,英语中 operation 本身含义为"劳作",但是在工业机械中,其意义为"运转",在医学中,其意义为"手术",在军队活动中,其意义为"战役"。

另外,对语用信息的加工有两个过程:一是语用充实,二是语用收缩。语言的变异就是基于一定的语境来理解语用充实与收缩。词义的延伸与词义的收缩都可以看成不同的语用认知推理过程,是人们基于一定语境对具体词义进行的扩充与收缩加工,从而明确词汇的含义。这对于词汇的翻译提供了重要依据。

(三)语篇语用学

语篇语用学是基于语言类型学、语篇语言学等发展起来的。随着语篇语言学的发展,人们对语言的研究跳出了对传统语义学、语法学的研究,而是将重心转向语篇层面的研究。

语篇语言学有着悠久的历史,甚至可以追溯到古典修辞学与文体学研究时期,其不仅对语篇内部所涉及的语言现象进行研究,还对语篇外部的语言现象加以研究,如语言运用的场景条件等,这就使得语篇成为语用学研究的对象。

20世纪70年代初期,一些语用学家将注意力放在语篇的交际功能上,并将语用要素置于语篇描写中,提出语篇描写的目标应该是语用。之后,"语篇语用学"这一术语诞生。

随着语篇语用学的不断发展,言语行为理论、会话分析理论等都对其产生了大的作用,尤其是言语行为理论。这是因为,言语行为理论指明语言是用来实施行为的,这都为语篇分析提供了重要依据,因此对语篇语用学影响深远。

著名学者布朗等人(Brown et al.)从语用的角度出发来分析语篇,他们指出语篇分析包含对句法与语义的分析,语篇不是一种产品,而是过程,是对交际行为展开的言语记录形式。

此外,语篇语用学还将研究的重心置于特定语境下的话语意义,及在特定语境下,这些话语意义产生的效果,对语言的结构与功能、语篇与交际等展开分析。

(四)修辞语用学

随着语言学的研究深入,修辞学也转向跨学科研究,而基于修辞学与语用学两大学科,修辞语用学诞生。就学科渊源上来讲,修辞学与语用学的结合源于古希腊时期,学者亚里士多德就提出了修辞语用模式。

在亚里士多德看来,每个句子都有存在的意义,但是并不是所有的句子都是陈述型的,只有能够对真假加以判定的句子才属于陈述型句子。

在修辞领域,有两种修辞观是人们重视和研究的,具体分析如下。

第一种认为修辞学是对文字进行修饰与润色的手段,目的在于划分与使用修辞格。这类观点得到了西方学者的重视,并在中世纪以来占据重要的地位。但是,其也导致了明显的不良后果,即使得传统修辞学走向没落。

第二种认为修辞学是对语言手段展开艺术性选择的一种手段,其侧重于研究词汇与文体、句子与文体等之间的关系等问题。这一观点在20世纪六七十年代在我国受到了重视和发展,我国著名的学者王希杰、吕叔湘等都推崇这一观点,且在其研究中效果显著。

将修辞学与语用学相结合恰好是第二种观点的体现。另外,这二者的结合还与哲学有着密切的关系,随着二者不断的交融,修辞学与语用学逐渐形成了一些相通之处。

(1)修辞学与语用学都将言语交际视作重要的研究内容,即研究方向、研究客体是一致的。具体来说,二者都研究语言在言语交际中的运用情况,并分析为了实现交际两门学科应该采取的具体策略。

(2)修辞学与语用学在探讨研究对象时,都会将语境囊括进

第六章　语用学理论指导下的英语教学研究

去,即将语境融入二者的研究对象中,以此分析言语交际中出现的具体问题。

当然,除了相通之处,修辞学与语用学也有各自的特点。

(1)修辞学主要研究语言的综合运用情况。

(2)语用学强调语言的具体使用情况,且对语言使用进行分析和探究时必定会涉及修辞。

总而言之,修辞学与语用学这两门学科有着相辅相成的关系,二者相互促进,相互借鉴,从而获取更大的研究成果。

(五)文学语用学

随着文学与语用学两门学科的不断发展,文学语用学诞生,其是文学与语用学二者的结合。对于"文学语用学"这一术语,最早是由曹格特(Traugott)和帕拉特(Pratt)于1980年提出的。1987年,芬兰科学院设立了"文学语用学"研究基地,并专门召开以文学语用学为主题的研讨会,至此文学语用学真正地进入人们的视野,很多学者对其进行了研究,并出版了很多相关的著作与论文。至今,文学语用学的研究仍在继续,且在不断深入与拓展。

(六)认知语用学

从诞生之日起,认知语用学就被视作认知科学的一个重要组成部分。要想了解认知语用学,这里首先来分析认知语言学。

认知语言学这一术语首先出现在1971年,其被认作对大脑中语言机制加以研究的学科。目前所提出的认知语言学指的是20世纪七八十年代的认知语言学,是一个新兴的语言学流派。

认知语用学是在认知语言学的基础上诞生的,出现于20世纪80年代中期,是一个新兴的边缘学科。1986年,以"语言使用的认知"为主题的研讨会在以色列召开,并吸引了很多学者的参与,且提出了从认知语用的角度对语言的使用问题加以研究。自此,认知语用学进入大众的视野。

那么,如何定义认知语用学呢？目前,对于认知语用学的定义还不统一,但是人们也不能否认其存在。例如,言语行为、指示语等语用现象的交际意义超越了语言的编码信息,这就是通过认知心理而产生的意义,这样的信息处理过程其实本身也属于认知过程。因此,有学者将认知语用学定义为:一门超符号学,即研究符号与交际意图在历时过程中逐渐固定化的关系。对于这样的定义,自然有其道理,但是这样的概括在其他学者看来又过于简单,且对于认知语用学的本质也未触及。之后,格赖斯、斯珀伯、威尔逊等人也指出,语用学存在认知基础,且对超句子信息的处理与研究意义重大。

在方法论、研究目的等层面,认知语用学也具有心理语言学的特点,尤其对于交际双方如何进行语言生成与理解给予了特别关注。认知科学是对感知、注意力、语言等认知现象的交叉研究,强调对信息的组织、处理与传递等的研究。认知语言学建立在体验哲学观的基础上,因此其包含的认知语用学也具有一定的哲学基础,即认知的无意识性、心智的体验性与思维的隐喻性。

另外,认知语用学近些年的研究成果也体现,语言运用是由交际双方的相互假设与推理、特定语境的了解程度、关于语言运用的认知语境假设等决定的。不管是语言现象,还是非言语现象等的运用,都是非常重要的认知现象。例如,关联论就是一种交际与话语理解的认知理论,其将理解视作需要推导的心理学问题,并受到单一认知原则的制约。在西方语用学者眼中,关联论是认知语用学的基本理论框架,且为认知语用学的进步带来了生机。

(七)社会语用学

20世纪上半叶,语言本体是语言学研究的主要对象,但是其忽视了对语言运用与语言理论运用的研究。随着社会语言学、心理语言学、语用学等学科的逐渐兴起,语言学开始研究言语规律、言语机制。社会语用学就是在这样的背景下诞生的,其融入了语用学、社会语言学、修辞学等成果,对言语规律、语言运用加以关

第六章 语用学理论指导下的英语教学研究

注,并采用社会学、语用学的理论与社会实际,对语言现象加以研究。社会语用学揭示出社会因素对言语过程的影响,其范围也非常广泛,涉及人际交往、新闻传播、社会命名等。

社会语用学的基本出发点在于将语言视作一种社会现象,而语言的根本属性之一就是社会性,语言随着社会的发展而产生与发展,并随着社会生活的改变而不断演变。

社会语用学对社会情景变体非常注重。学者利奇将语用语言学与社会语言学做了区分。语用语言学主要强调某一语言所提供的以言行事的具体材料,后者强调在具体社会条件下,语言运用及言语行为发生的变化。从侧面来说,社会语用学是语用学对社会学的研究,其研究语言的社会性本质,对语言结构、语言运用予以密切关注,并分析社会因素对语言产生的制约与影响作用。在研究方法的运用上,社会语用学基于传统定性研究,将定量分析与定性分析相结合。这种做法是对语言研究方法的改进,对语言研究而言意义重大。

总体来说,社会语用学的主要任务在于帮助人成为好的语言运用者。在道德层面,社会语用学更强调使用者应该注意自己的言行,提升自我意识,构建和谐的语言运用环境。

二、微观语用学

除了宏观语用学,微观语用学也是语用学研究的一个重要层面。微观语用学主要涉及语境、预设、指示语、言语行为、会话含义、模因论等内容。

(一)语境

语言的运用与语境有着密切的关系。马林诺夫斯基(1923)认为,要想理解发话者的意思,就必须将话语与语境相结合。从马林诺夫斯基的观点中可知,语境对于语言理解非常重要。

弗斯(Firth,1957)对马林诺夫斯基的观点进行了继承与发展,并提出自己的语境思想。在弗斯看来,语言与语境间、上下文间都存在着必然的联系,这就是情景语境与上下文语境。除此之外,语境还包括语用人的言语活动特征、语用人特征等。[①]当然,除了交际双方共有的语用知识,语境还涉及语用人的地位、作用、语言发生的时间与空间、与语言活动相适应的话题等。

基于弗斯的观点,莱昂斯(1977)还提出,话题对于方言的选择、交际媒介的恰当有着至关重要的作用。[②]

韩礼德认为,语言会随着语境而不断发生改变,韩礼德对于语言与社会的关系非常重视,认为语境属于一种符号结构,是文化符号系统意义相聚而成的。这种观点呈现了语境的动态特征。同时,韩礼德还认为语境这一符号结构包含三个层面。

(1)语场,即发话者运用语言描述整个时间,是有意识的语言活动,也是话题的呈现。这也表明,交际双方处于不同的语境,他们谈论的话题也必然不同。语场对交际的性质、话语范围起着决定性的作用,同时影响着词汇与话语结构的选择。另外,语场也指引着话语的发展情况,语言不同,话语形式也必然不同。

(2)语旨,即语言交际双方在交际中或在社会语境下所扮演的角色,以及彼此之间的角色关系。当然,这些关系与人际功能呈现对应情况,并通过语气系统加以体现。对于交际对象,语旨是被非常看重的,即如何向对方传达自身的所见所闻。

(3)语式,即语言在情境中的功能与组织形式,包含上文提到的交际双方的地位与交际关系,以及交际者的发话目的。语式对于话语的衔接与主位结构是非常注重的。

除了西方学者,我国学者对语境也进行了研究。《辞海》(1989)中指出,语境即交际双方所面对的现实情境,也可以称为交际的场合。[③]

[①] Firth, J. R. *Papers in Linguistics* 1934-1951[M]. London:Oxford University Press,1957:12.
[②] Lyons, J. *Semantics*[M]. Cambridge:Cambridge University Press,1977:574.
[③] 《辞海》编辑委员会.辞海[M].上海:上海辞书出版社,1989:1037.

第六章 语用学理论指导下的英语教学研究

我国学者郑诗鼎(1997)提出,就语言学的角度来说,语境可以划分为两类:一种为社会语境,一种为言辞语境;从社会学角度来说,语境也可以划分为两类:一种为主观语境,一种为客观语境。[①]

笔者认为,语境可以概括为三个含义。

第一,语境指语言产生的环境,可以是内环境,也可以是外环境。

第二,语境指从特定语境抽象来的能够影响交际双方的各种相关的要素。

第三,语境指交际双方所共同存在的交际背景,可能是共同的知识,可能是共同的文化等。

分析了什么是语境,下面重点探讨语境的划分,因为这是认识语境本质的关键层面。从宏观角度来说,语境可以划分为如下六种,如图6-1所示。

1. 语言语境

所谓语言语境,主要涉及词语搭配、前言后语及由此构成的工作记忆与短期记忆、关键词与话语触发的知识等。例如:

(语境:A 递给 B 一把螺丝刀,并指向洗衣机的后盖。)

Open the washing machine!

在这里,open 的意思是打开洗衣机的后盖,当然这显然是通过前面的语境获得的,可能 A 对 B 已经说过了:

The washing machine is making a loud rattling sound.

正是由于这一语境前提,B 很容易理解用螺丝刀去打开后盖来检查一下,也明确了 open 的范围。

在所有的语言语境中,上下文语境是最为常见的一种,使用范围非常广泛,即通过上文,就可以获知下文信息的意义。这种语境主要包含短语语境、句子语境、段落语境、语篇语境。除此之

---

① 郑诗鼎.语境与文学翻译[M].重庆:西南师范大学出版社,1997:7.

外,还有一种最小的语言语境,就是搭配语境,其有助于落实字词的含义并将这些字词含义做具体化处理。例如:

这是一件浪漫而痛苦的事情。

她是一个漂亮而聪明的女孩。

对于汉语中这两句话,"而"的运用意思不同,前者"而"的前后词是矛盾的,后者"而"的前后词是并列的,因此在翻译时应该多加注意。

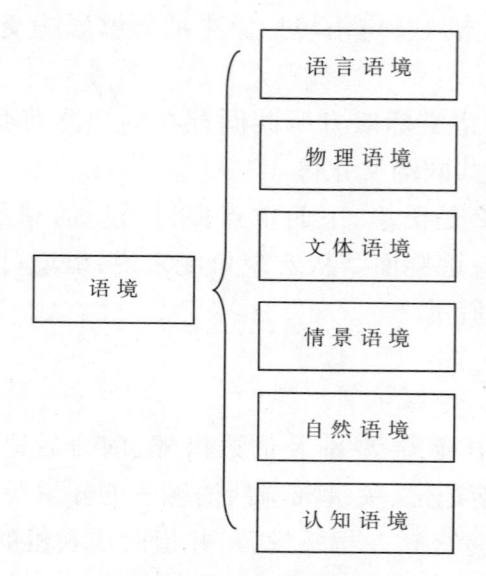

语境 { 语言语境 / 物理语境 / 文体语境 / 情景语境 / 自然语境 / 认知语境 }

图6-1 语境的划分

(资料来源:熊学亮,2008)

2. 物理语境

物理语境属于一种语言系统外的因素,即在进行语言交际时,处于交际双方之外的,但是对交际双方的交际话语产生重要影响的一种语境,如交际场所、交际时的天气、空气中的气味、交际双方的身体情况等。例如:

(语境:A与B在卧室一边看电视一边聊天。)

A_1:《越狱》与《吉尔摩女孩》哪一个更好看?

A_2：我喜欢看《越狱》，因为每一集的结尾都会给人留下悬念，让人无法释怀。

B_1：好像拍到第二集或第三集就比较拖沓了。我比较喜欢《吉尔摩女孩》，是说单亲母女的事情，很注重细节，也很有人情味。

B_2：那我有空……我现在要出去一下。

通过分析这段话，B_2 显然是被某些情况干扰了，如图 6-2 所示。

物理语境的介入　　　　　　　　　　　　对B_2语言的影响

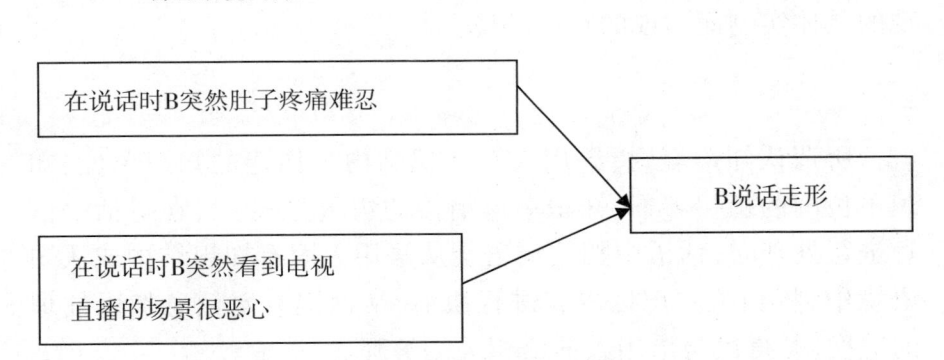

在说话时B突然肚子疼痛难忍　　→　　B说话走形

在说话时B突然看到电视直播的场景很恶心

图 6-2　物理环境介入的情况示例

（资料来源：熊学亮，2008）

换句话说，物理语境会对发话内容、发话方式、他人理解产生影响。

3. 文体语境

文体语境主要从不同的语境角度对文体加以判断。具体来说，文体语境主要表现为三个层面。

第一，力求对语境进行详细、全面的介绍。

第二，在语境中凸显最主要的部分。

第三，采用折中手段。

4. 情景语境

所谓情景语境，是指在交际行为发生过程中的实际语境，具体包含如下几种：交际行为发生的时间，交际行为发生的地点，交际行为发生的范围，交际行为发生的正式程度，交际双方的具体风格。

5. 自然语境

交际行为的发生必然与自然环境密切相关，自然语境就是对这类环境的总称，具体包含如下三项内容：受自然风貌的影响形成的自然环境，受时令变化影响形成的自然环境，由在交际时呈现的具体实物而形成的自然环境。

6. 认知语境

所谓认知语境，指语用人在知识结构中构建的知识单位、知识单位间的衔接习惯、知识单位衔接的逻辑方式。① 在对话语信息进行处理时，话语中相关词语会从语用人固有知识结构或认知语境中，将相关的记忆内容进行激活，从而提升对信息加以处理的效度，并得出与语用人话语相关的解释。

在日常话语中，对话语的运用与理解所包含的已经系统化、结构化的百科知识就属于认知语境的内涵，或者是语用人已经认知化、内在化于头脑中的关系典型与概念典型。基于这些典型与认知，语用人在对这些信息进行处理时，就是先对语言符号的字面含义加以充实，然后从认知层面对其进行补充。换句话说，交际双方在交际过程中，话语的生成往往会受到经济原则的影响与制约，发话者产生的话语也并不是完整的。很多时候，交际中的话语信息会超越其字面意义，是一种超载信息，且需要受话人经过分析才能推导出发话者的意图。这时的推导其实就包含了认知的性质。

如前所述，语言表达本身也具有信息的不完整性，其字面含义一般很难满足交际的需要，语用人必须通过推导才能真正地达

---

① 熊学亮. 简明语用学教程 [M]. 上海：复旦大学出版社，2008：19.

第六章　语用学理论指导下的英语教学研究

意。当然,在对话语进行推导的过程中,语用人有时候并不需要依赖物理语境,他们可以自觉或者不自觉地采用已经认知化、内在化的语用知识来理解与解释。例如,当有人说"他喝多了"这句话时,如果没有具体的语境介入,那么一般人都会认为是他喝酒了,而且喝得很多,就理所当然地认为"喝"就是喝酒。

但是,当有具体的语境介入时,这种内化的常理解释往往会被推翻,如可以说:"他又喝多了,只见他总是跑洗手间。"这样的介入就可以将"喝"理解为喝水。

认知语境中的常规语用知识就是人们储存的知识状态。当人的大脑输入信息之后,那些有用的信息会被储存下来,但是这些储存往往会经过整理,并不是杂乱破碎的,而图式性的信息处理就是将知识系统化、结构化的过程。换句话说,知识的存储是以框架、脚本、草案、图式、表征等状态存储的,在语言运用的时候,这些知识就会被激活,从而让人们有效选择使用。

当知识被激活之后投入使用时,一般会采用两种方法:话语中的有关词语仅对固有知识的某一部分进行激活,但是通过这一部分,语用人可以激活其他部分,进而推导出整个知识所包含的信息;如果话语中的有关词语激活的固有知识有不止一个,甚至有两个以上,那么这些知识需要逻辑连接而成,而连接的方式往往是先连接近的,再连接较为远的。

请看下面的几段对话。

A: Why didn't drive to work today?

B: I can't find my keys.

分析上述对话,有关"车"的知识使整个对话连贯起来。在"车"的图式中"方向盘""座椅""钥匙"都是其必备的部分,钥匙是点火的必需品。因此,B说找不到钥匙,那么A就很容易理解这个钥匙就是车的钥匙,而不是房子的钥匙或者办公室的钥匙等。因此,就说明了A与B具备了同一认知框架。再如:

A: I sprained my wrist.

B: Let's go to the hospital right now.

在这段对话中，"手腕扭伤"与"医院"将整个框架激活。为什么 A 说手腕扭伤，B 的回答是去医院呢？显然，这是最合常理的处理方式，也是根据人的经验逻辑自然形成的，且这两个用语具有相邻性的特征，很容易被人联系起来。又如：

A：I sprained my wrist.
B：Let's go to the cinema right now.

乍一看，上述对话并无关联，甚至是关联认知较远，这时就需要更多的语境介入，如 B 知道 A 喜欢看电影，因此 B 的提议可以让 A 减轻手腕疼痛带来的不愉快，是对 A 的一种安慰。这样，两个不相干的话语就贯穿起来。

除此之外，笔者认为语境可从两个方面来理解，如图 6-3 所示。

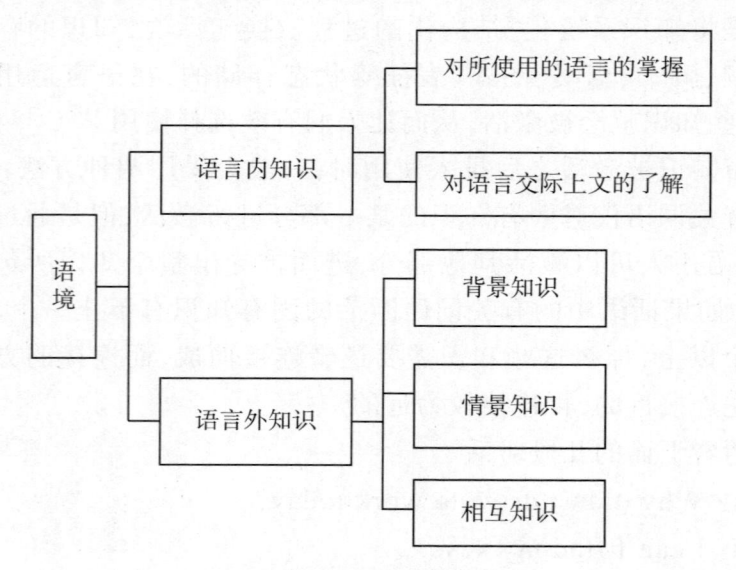

```
                  ┌── 对所使用的语言的掌握
        ┌─语言内知识─┤
        │         └── 对语言交际上文的了解
语境──────┤
        │         ┌── 背景知识
        └─语言外知识─┼── 情景知识
                  └── 相互知识
```

图 6-3　语境的内涵

（资料来源：曾文雄，2007）

从图 6-3 中可知，交际语境的内容比较复杂，且是动态性的，因此语用人需要用动态的眼光来理解与处理语境。

(二)指示语

在语用学研究中,指示现象的研究是比较早的,主要研究的是如何采用语言形式对语境特征进行表达,以及如何依靠语境对话语进行分析。对于指示语进行分析和探讨,有助于交际双方更好地开展交际。

指示语,英文为 deixis,指运用语言来指点与标识,对指示语进行研究,能够确定交际信息与所指示的对象,便于交际。当然,要想理解语言,就必然需要依靠语境,而指示语能够通过语言结构,将语言与语境间存在的必然关系体现出来。基于这一点,很多人认为语用学研究就是指示语的研究。可见,指示语研究有着十分重要的地位。

指示语与人们的生活密切相关。著名学者、哲学家巴尔 – 希列尔(Bar-Hillel,1954)曾指出,在自然语言中,指示语是固有的,是不可避免的特征。人们在日常交际中,必然都包含各种指示语信息,明确了具体的所指,那么话语含义也就清晰了很多。[1]例如:

Lily has put it there.

在上述句子中,Lily、it、there 是明显的三个指示语,要想明白这句话,就必须弄清这三个词,即 Lily 是谁,it 是什么,there 是在哪里。

可以看出,如果日常交际中,交际双方不明确这些指示信息,必然对交际产生负面效应。

弄清楚了指示语的内涵,下面重点来论述指示语的主要类别及各自的功能。指示语主要可以划分为五大类,如图 6-4 所示。

---

[1] 何自然,冉永平. 新编语用学概论 [M]. 北京:北京大学出版社,2009:31.

```
                    ┌─ 人称指示语
                    │
                    ├─ 地点指示语
                    │
        指示语 ─────┼─ 时间指示语
                    │
                    ├─ 社交指示语
                    │
                    └─ 话语/语篇指示语
```

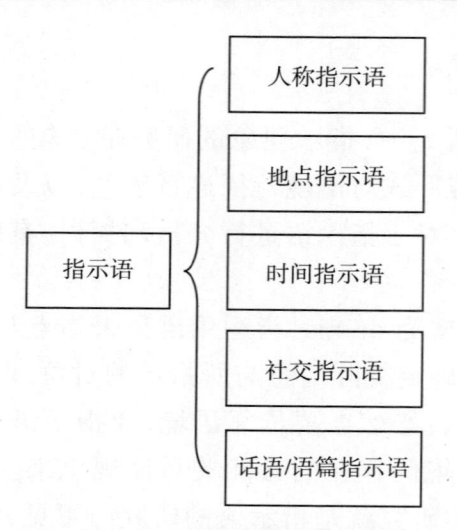

图 6-4　指示语的划分

（资料来源：冉永平，2006）

1. 人称指示语

人称指示语即在语言交际中，参与者之间的关系。很多人将人称代词等同于人称指示语，这是不全面的，因为很多时候，语法意义上的人称代词不需要与语境相关联。

一般来说，人称指示语可以划分为三类，如图 6-5 所示。

在语用学研究中，第一人称指示语有着重要意义，看起来是非常简单的，实则非常复杂。一般来说，第一人称指示语主要指的是发话者，可以单指，也可以复指。但是需要注意的是，有些第一人称从形式上是单数或者复数，但是从语用角度上说，可能表达的并不仅仅是字面的意义。例如：

What are we supposed to do?

这句话在日常交际中非常常见，很多人也认为 we 是复数形式，但是在不同的语境中，其语用意义是不同的。例如，这是班长代表全班对授课老师提出的作业意见，那么 we 就是不包含授课教师的其他人；如果这是一位母亲对弄脏衣服的孩子说的话，那么 we 仅代表孩子。

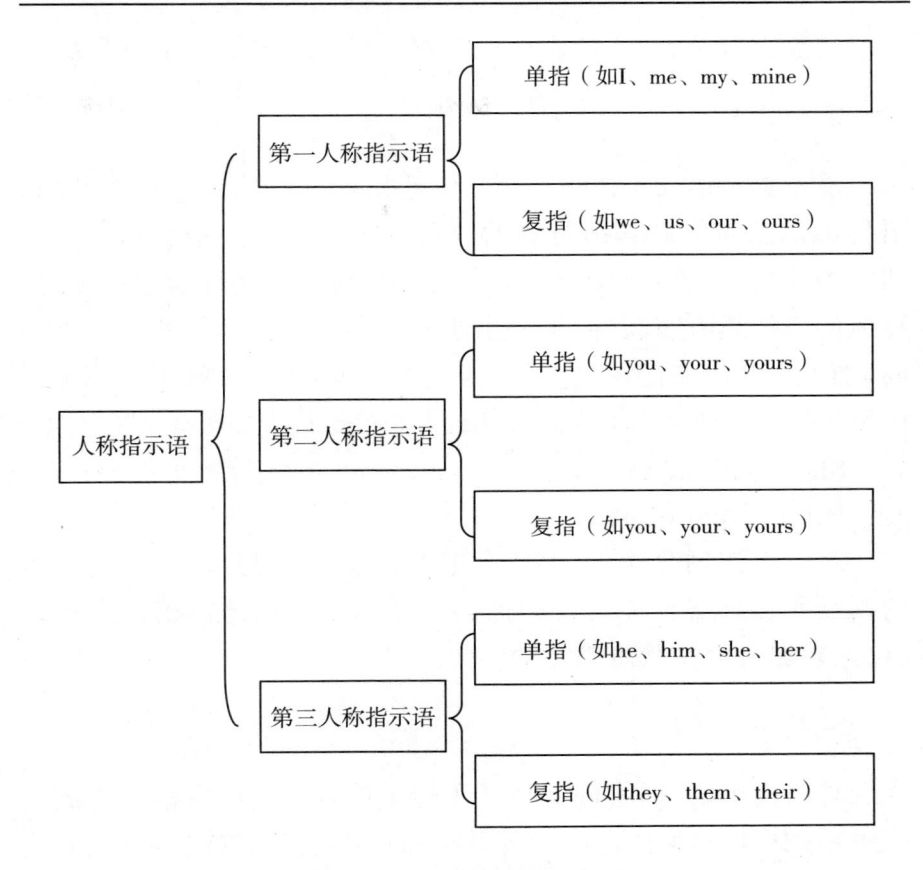

第六章 语用学理论指导下的英语教学研究

```
                    ┌─ 单指（如I、me、my、mine）
         第一人称指示语 ┤
         │          └─ 复指（如we、us、our、ours）
         │
         │          ┌─ 单指（如you、your、yours）
人称指示语 ┼ 第二人称指示语 ┤
         │          └─ 复指（如you、your、yours）
         │
         │          ┌─ 单指（如he、him、she、her）
         └ 第三人称指示语 ┤
                    └─ 复指（如they、them、their）
```

图 6-5 人称指示语的划分

（资料来源：冉永平，2006）

第二人称指示语的中心在于受话人。第二人称指示语的交谈对象可以是在场的，也可以是不在场的，而you既可以是单数表达，也可以是复数表达。例如：

I'm glad that all of you received my invitation.

上例中，you显然为复数表达。

第三人称指示语主要指的是发话者与受话人外的其他人。第三人称代词常用于泛指或者照应，偶尔会用于指示。例如：

Let him have it, Chris.

在没有语境的情况下，上例中的him和it所指代的对象不能确定。him可能指Bob、John或者其他人，it也可能指一台照相机、一块巧克力等,而话语的意思也就随着指代对象的变化而改变。

2. 地点指示语

地点指示语又可以被称为"空间指示语",指的是人们通过话语传递信息与实施言语行为的位置或地点。地点指示信息源于话语中谈及的方位或交际双方所处的位置。就物理学角度来说,物体的方位具有客观性,但是由于交际双方的视角与所处位置不同,加上一些动态的词的参与,因此为了表达的准确,不得不根据语境采用一些地点指示语。例如:

She is behind me.

I'm in front of her.

对于上述两个例句,基本信息是相同的,但是由于不同主体的视角不同而导致差异。因此,只有结合语境,才能确定所指信息,只根据表面是很难确定的。

3. 时间指示语

时间指示语,即人们通过话语传递信息与实施言语行为的时间关系,其往往将发话者的话语时间作为参照。英语中的 now、tomorrow 等都属于时间指示语。但是由于语境条件不同,发话者运用时间指示语表达的指示信息也必然不同。要想准确理解时间指示语的内容,需要将多个层面的因素考虑进去。受话人也需要从发话者运用时间指示语的类别、动词时态上加以理解与确定。例如:

Now it's 9:30 by my watch.

I'm free now.

对上述两句话中的 now 进行分析可知,两者的意义不同,第一个句子采用了固定含义"现在的时刻",而第二个句子则指的是更大的范围,如这个月、这个假期等。

当然,为了更好地对时间指示语有所了解,对于历法时间单位和非历法时间单位的区分显得非常必要,如表 6-1 所示。

第六章 语用学理论指导下的英语教学研究

表 6-1 历法时间单位和非历法时间单位比较表

比较项目\单位名称	历法时间单位	非历法时间单位
定义	在固定的历算系统中，按一定的规则所划分的年、月、日、星期等时间单位。	一定进位制系统中的时间单位，可按照相应的进位制规则加减。
特点	每一单位都有固定的称呼，表特定时间段。 大时间由一定数量的特定小时间段组成。 起点和终点约定俗成，不可随意改变。	每一单位没有固定称呼，只表相应的长度。 大时间长度由小时间长度累加而成。 起点和终点不固定，可任意选择。
表达方式	专有名词或普通名词	普通名词
例词	Year 2013, July, summer, September, Thursday, morning	5 years, 4 seasons, 1 day, 5 months, 8 weeks

（资料来源：李捷，何自然，霍永寿，2010）

通过分析表 6-1 可知，year 既可以指代历法时间单位"年份"，也可以指代非历法时间单位"年"，month 与 day 等也是如此。

4. 社交指示语

所谓社交指示语，指在人际交往中，与人际关系有着密切联系的词语和结构。社交指示语的运用在于对发话者与听话者的关系进行改变与调节、对发话者与第三者间的关系进行改变与调节。社交指示语可以通过词缀、称呼等途径加以实现。例如，表 6-2 就是称呼语用于社交指示的例子。

表 6-2 用于社交指示的称呼语

称呼语类型	相关例词
名词的不同表达	James, Bond, James Bond, etc.
职业等级	colonel etc.
头衔+名字	Professor White, Doctor Li, etc.
职业名称	doctor, teacher, architect, etc.
亲属名称	uncle, sister, aunt, grandfather, etc.

（资料来源：李捷，何自然，霍永寿，2010）

这些称呼所发挥的社交指示功能不同。例如,sir、madam 等泛化称呼可以表达出发话者对对方的尊重;Mr. ＋姓氏等类型的称呼能够表达对方的社会地位较高。

5. 话语／语篇指示语

话语／语篇指示语,指在说话或写作中,发话者与写作者选择恰当结构与词语对某些知识信息加以传递。由于交际必然与时间、地点等相关,因此话语指示语与时间指示信息、地点指示信息等也有着密切的关系,如 the next... 与 the last... 等。

在不同的语境中,话语／语篇指示语可能是前指关系的话语指示语,也可能是后指关系的话语指示语。例如:

综上所述,养鸟是对鸟的一种爱护,而不是伤害。

The following is from the received Robert Stevenson Production of *Jane Eyre* for Fox.

上述两句话中,"综上所述"就是一个前指关系的话语指示语,the following 为一个后指关系的话语指示语。

(三)会话含义

要想了解会话含义,首先需要弄清楚什么是含义。从狭义上说,有人认为含义就是"会话含义",但是从广义角度上说,含义是各种隐含意义的总称。含义分为规约含义与会话含义(图 6-6)。格赖斯认为,规约含义是对话语含义与某一特定结构间关系进行的强调,其往往基于话语的推导特性产生。

通过分析图 6-6 可知,含义分为规约含义与会话含义。格赖斯认为,规约含义是对话语含义与某一特定结构间关系进行的强调,其往往基于话语的推导特性产生。

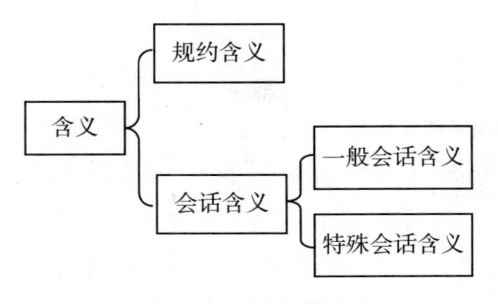

图 6-6　含义的划分

（资料来源：姜望琪，2003）

会话含义主要包含一般会话含义与特殊会话含义两类。前者指发话者在对合作原则某项准则遵守的基础上，其话语中所隐含的某一意义。例如：

（语境：A 和 B 是同学，正商量出去购物。）

A：I am out of money.

B：There is an ATM over there.

在 A 与 B 的对话中，A 提到自己没钱，而 B 回答取款机的位置，表面上看没有关系，但是从语境角度来考量，可以判定出 B 的意思是让 A 去取款机取钱。

特殊会话含义指在交际过程中，交际一方明显或者有意对合作原则中的某项原则进行违背，从而让对方自己推导出具体的含义。因此，这就要求对方有一定的语用基础。

提到会话含义，就必然提到合作原则，其是对会话含义的最好的解释。合作原则包括下面四条准则。

其一，量准则，指在交际中，发话者所提供的信息应该与交际所需相符，不多不少。

其二，质准则，指保证话语的真实性。

其三，关系准则，指发话者所提供的信息必须与交际内容相关。

其四，方式准则，指发话者所讲的话要清楚明白。

（四）言语行为

奥斯汀（Austin）的言语行为理论首次将语言研究从传统的句法研究层面分离开来。奥斯汀从语言实际情况出发，分析语言的真正意义。言语行为理论主要是为了回答语言是如何用之于"行"，而不是用之于"指"的问题，体现了"言"则"行"的语言观。奥斯汀首先对两类话语进行了区分：表述句（言有所述）和施为句（言有所为）。在之后的研究中，奥斯汀发现这种分类有些不成熟，还不够完善，并且缺乏可以区别两类话语的语言特征。于是，奥斯汀提出了"言语行为三分说"，即一个人在说话时，在很多情况下，会同时实施三种行为：以言指事行为、以言行事行为和以言成事行为。

首先是表述句和施为句。

其一，表述句。以言指事，判断句子是真还是假，这是表述句的目的。通常，表述句是用于陈述、报道或者描述某个事件或者事物的。例如：

桂林山水甲天下。

He plays basketball every Sunday.

以上两个例子中，第一个是描述某个事件或事物的话语；第二个是报道某一事件或事物的话语。两个句子都表达了一个或真或假的命题。

换句话说，不论它们所表达的意思是真还是假，它们所表达的命题均存在。但是，在特定语境中，表述句可能被认为是"隐性施为句"。

其二，施为句。以言行事是施为句的目的。判断句子的真假并不是施为句表达的重点。施为句可以分为显性施为句和隐性施为句。其中，显性施为句指含有施为动词的语句，而隐性施为句则指不含有施为动词的语句。例如：

I promise I'll pay you in five days.

I'll pay you in five days.

第六章　语用学理论指导下的英语教学研究

这两个句子均属于承诺句。它们的不同点是：第一个句子通过动词 promise 实现了显性承诺；而第二个句子在缺少显性施为动词的情况下实施了"隐性承诺"。

总结来说，施为句主要有如下几个特点。

第一，主语是发话者。

第二，谓语用一般现在时第一人称单数。

第三，说话过程非言语行为的实施。

第四，句子为肯定句式。

隐性施为句的上述特征并不明显，但能通过添加显性特征内容进行验证。例如：

学院成立庆典现在正式开始！

通过添加显性施为动词，可以转换成显性施为句：

（我）（宣布）学院成立庆典现在正式开始！

通常，显性与隐性施为句所实施的行为与效果是相同的。

其次是言语行为三分法。奥斯汀对于表述句与施为句区分的不严格以及其个人兴趣的扩展，很难坚持"施事话语"和"表述话语"之间的严格区分，于是提出了言语行为的三分说：以言指事行为、以言行事行为和以言成事行为。指"话语"这一行为本身即以言指事行为。指"话语"实际实施的行为即以言行事行为。指"话语"所产生的后果或者取得的效果即以言成事行为。换句话说，发话者通过言语的表达流露出真实的交际意图，一旦其真实意图被领会，就可能带来某种变化或者效果、影响等。

言语行为的特点是发话者通过说某句话或多句话，执行某个或多个行为，如陈述、道歉、命令、建议、提问和祝贺等行为。并且，这些行为的实现还可能给听者带来一些后果。因此，奥斯汀指出，发话者在说任何一句话的同时应完成三种行为：以言指事行为、以言行事行为和以言成事行为。例如：

我保证星期六带你去博物馆。

发话者发出"我保证星期六带你去博物馆"这一语音行为本身就是以言指事行为。以言指事本身并不构成言语交际，而是在实施以言指事行为的同时，也包含了以言行事行为，即许下了一个诺言"保证"，甚至是以言成事行为，因为听话者相信发话者会兑现诺言，促使话语交际活动的成功。

（五）模因论

1976年，牛津大学动物学家理查德·道金斯（Richard Dawkins）在 The Selfish Gene（《自私的基因》）一书中首次提出了 meme（模因）这一术语。这本书认为，生物进化的基本单位是基因。生命的祖先是复制基因（replicator）。复制基因之间通过竞争获得生存，而生物体仅是因传承与繁衍自身的"生存机器"，基因唯一的兴趣就是复制自己。生物的进化是由基因决定的。推动生物进化进程的就是复制基因。道金斯指出，文化在进化的过程中，也产生了一种类似基因在生物进化过程中发挥作用的复制因子。这就是"模因"。"模因"是文化传播的单位。道金斯提出，模因有很多类型，如观念、训率、服饰时尚、宣传口号、建造房子的方式等。就像基因库中繁殖的基因，借助精子或者卵子，从一个身体跳到另一个身体以实现传播、复制；模因库中的模因，其繁衍是通过模仿的过程发生的，其将自己从一个头脑中传到另一个头脑中。之后，道金斯认为在大脑、书本、计算机等媒介中互相传播的信息均是模因。

之后，模因的基本理论始终被研究者研究和阐述着，对其做出一定贡献的是布莱克摩尔（Blackmore）。布莱克摩尔指出，模因是通过模仿进行传递的，而模仿能力是人类特有的。从广义上说，模仿就是从一个大脑传到另一个大脑的方式。模仿涉及观念与行为以任何一种方式向另一个人的传递过程。其具体包括教育、学习、讲述、演示、传播、告诉、阅读等方式。模因的载体可能是人类的大脑，也可能是建筑、书本等。布莱克摩尔指出，任何一个信息，只要他可以通过我们广义上的"模仿"过程而得以复制，那么就能算成一个模因。

布莱克摩尔强调，作为一个复制因素，模因可以支持以变异、

第六章 语用学理论指导下的英语教学研究

选择和保持为基础的进化的规则系统。他认为可以利用达尔文的通过自然选择而进化的理论分析文化进化的规律。但他与道金斯一样,不同意社会生物学和进化心理学的学者在对人类行为进化基础研究中的做法:对文化进化机制的阐述,最终还是回到生物进化的意义上解释文化进化的内在动力。道金斯与布莱克摩尔指出,要考虑用另一种独立存在的复制因子说明文化的进化。

在复制过程中,模因会出现变异,其方式有变形、合并、分裂、传递过程中的误差等,对变异之后的文化单位的自然选择或人为选择及其保持促进了文化的进化。模因与模因之间相互合并而形成大的模因组合更容易得到共同复制与传递,这种模因组合可以称为"协作模因""复制模因"。

道金斯认为,达尔文的"适者生存"的观点,其实就是"稳定者生存"。成功的复制基因也就是稳定的基因,它们或者本身存在的时间较长,或者可以进行自我复制,或者它们精确无误地进行复制。如同成功的复制基因一样,成功的模因有着保真性、多产性、长寿性的特征。保真性即模因在复制过程中通常会保留原有模因的精要,而不是毫无变化。如果一种科学观念从一个人的头脑传到另一个人的头脑,多少会发生一些变化,但仍然保留着原有科学观念的精髓。多产性即模因的传播速度快和传播的范围广。长寿性即模因在模因库中存留很久,也就是说其可以在纸上或者人们的头脑中流传很长时间。

道金斯对模因概念进行了详细的解释,在整个学术界产生了深远影响,随后也受到了诸多学者的赞同和进一步发展,如布莱克摩尔,Brodie(1996),林奇(Lynch,1991)和海拉恩(Heylighen,1998)。学者们在对道金斯的观点给予肯定的基础上,进一步展开了研究与探讨,并且初步建立了文化进化理论。美国哲学家丹尼尔·丹尼特(Daniel Dennet,1991;1995)也非常赞同模因的观点,并在《意识的阐释》《达尔文的危险观念》等著作中应用模因理论对心灵进化的机制进行了阐释。另外还有一些学者将模因理论用于解释一些文化现象的进化及相关问题，如大脑、意识、科学、知识、音乐、语言、婚姻、道德、电子邮件病毒等。如今，"模因"一词已经得到了广泛的传播。该词还被收入《牛津英语词典》和《韦氏词典》。在《牛津英语词典》中，模因即"文化的基本单位，通过非遗传的方式，尤其是模仿而得到传播"；《韦氏词典》将模因解释为"在文化领域内人与人之间相互散播开来的思想、行为、格调或者语用习惯"。

1. 语言模因论

语言与模因既有联系，又有区别。语言存在于模因中，反过来，模因也可以促进语言的发展，并且依靠语言得以复制和传播。只要通过模仿得到复制与传播，语言中的所有字、词、短语、句、段落甚至话语，均可以成为模因。

例如，"哥""雷""杯具""草根""超女""蜗居"等词语看似很普通，实际都是活跃的模因，有着很强的复制能力。通过其复制出的模因数不胜数。

再如，斯宾塞·约翰逊(Spencer Johnson)所著的 *Who Moved My Cheese?*(《谁动了我的奶酪》)出版后很快成为畅销书。其书名也迅速家喻户晓，成为人们纷纷模仿的对象，于是派生出了大量的语言模因。请看下面几个句子：

Who moved my job?

Who moved my money?

谁动了我的幸福？（电影名）

谁动了我的琴弦？（流行歌曲名）

上述四个句子均模仿自标题"Who Moved My Cheese?"。可见，通过模仿与传播，这本书的名字成了一个活跃的模因。

2. 强势模因与弱势模因

同基因一样，模因也遵从着"适者生存"的自然法则。各种模因都会为了生存而展开激烈的斗争，其中适应自己的生存环

境,在保真度、多产性和长寿性三个方面表现值都很高的情况下,就会形成强势模因。例如:

牛奶香浓,丝般感受。(广告语)

大家好,才是真的好。(广告语)

在上述两个例子中,第一个运用了明喻修辞,将巧克力比作看似不相关的牛奶和丝绸,给消费者带来了味觉和触觉上的想象,让人无法抵挡住诱惑,促使购买行为发生。另外,其运用了汉语中的四字短语形式,易于传播与模仿,属于典型的强势模因。第二个例子迎合了中国人传统的集体主义思想,并且通俗易懂,读起来朗朗上口,于是成了大家争相模仿的对象,成为活跃的强势模因。

与强势模因对应的是弱势模因。随着环境的变化,一些活跃不起来的模因就会逐渐消失。它们被替代或使用范围缩小,被局限在某些固定的领域,于是就形成了弱势模因。例如,instant noodles 和 chewing gum 的译名"公仔面""香口胶"的使用范围就已经缩小,仅在港台地区使用,在普通话中已经被"方便面""口香糖"替代。

第三节 语用学理论指导下的英语教学策略

一、语用学理论指导下的英语教学的关注点

从语用学视角对英语教学进行研究应该关注如下几个问题。

(一)关注语用失误

所谓语用失误,即双方在进行语言交际时,未实现既定的交际效果的失误情况。需要指出的是,语用失误与语用错误并不相同,后者指代的是由语法错误造成的词不达意现象,而前者指代

的是由于交际双方说话方式不当而造成的不合时宜现象。

著名学者托马斯(Thomas)将语用失误分为两种:一种是社交失误,一种是语言失误。这两种失误都会影响英语教学。[①]这是因为,外语教学的目的在于帮助学习者进行恰当交际,掌握交际能力与素质,因此对这些语用失误的了解与把握显得十分必要。

(二)关注语用能力

1990年,学者乔姆斯基(Chomsky)提出语用能力这一概念,他指出语用能力是使用者具备的能够与他人展开恰当交际的语言使用技能。

在我国传统的英语教学中,教师忽视了培养学生的语用能力,因此当今的英语教学应该注意这一点,因为语用能力的培养有助于提升学生的外语素质与教学效果。

语言表达的不同,在一定程度上反映出发话者的语用能力不同。在大学英语教学中,语用能力的培养应该置于与语言知识教学同等重要的地位,教师运用语用学的原理指导英语教学,有助于提升教学效果。同时,在教授中,教师应该引导学生在不同的语境中选择恰当的语言,从而提升自身的语言交际能力,这对日后的跨文化交际有帮助。

二、语用学理论指导下的英语教学具体策略

上面对语用学视角下英语教学的关注点进行了分析,下面就从这些关注点着手,探讨具体的大学英语教学策略。总体来说,应该关注如下两大层面。

---

① 何自然,冉永平.新编语用学概论[M].北京:北京大学出版社,2009:268.

第六章 语用学理论指导下的英语教学研究

(一)培养学生的语用能力

语用学视角下的大学英语教学首先应该重视学生语用能力的培养与提高。

从教师的角度而言,应该提升自身的语用知识,并在大学英语教学中开展多种多样的交际活动,从而提升学生在不同语境下对语用能力的认知,有意识地减少自身交际中出现的语用失误。

就宏观的角度而言,教师可以从以下几个角度入手。

(1)让学生逐渐了解礼貌原则、言语行为理论、会话含义等相关语用理论知识。

(2)引导学生了解不同语境下语言的实际运用。

(3)引导学生了解英汉语言的差异性,帮助学生避免在日常交际中出现交际冲突,使学生学会地道的表达。

从语用的角度而言,语言形式与功能并不是呈现一一对应的关系,受交际目的、语言环境的影响,同一语言形式,其所产生的语言功能可能是不同的,同一语言功能,其产生的语言形式也可能不同。因此,在大学英语教学中,教师需要对学生进行语言功能、语言形式等层面的训练,从而不断提升学生的语用能力。

(二)开展跨文化交际教学

在语用学理论指导下,跨文化交际教学是英语教学的一项重要措施。文化对语言起着制约的作用,话语说得是否恰当,不仅取决于语言的语法形式,还取决于语言的文化背景。

英语学习不仅要求学生对一定的语言知识有清楚的掌握,还要求他们掌握一定的跨文化交际规则,这样才能顺利开展交际。因此,跨文化交际教学非常重要。具体而言,语用学理论指导下的跨文化交际教学可以从如下几点着眼。

1.传授词汇的文化内涵

语言是随着社会文化不断变化而产生变化的,因此一些词汇的文化意义非常丰富。教师对学生展开跨文化交际教学要对这些文化词汇有侧重的讲解,让学生不断了解这些词汇背后的文化内涵,避免由于母语文化的负迁移导致语用理解失误。

2.传授英语国家文化

熟练地使用英语展开跨文化交际需要交际双方对英语国家的相关文化背景有清楚的了解,具体包括政治历史、风俗习惯、生活方式、语言习惯等。学生对这些文化了解得清晰与否,关乎他们是否能够得体、灵活地运用语言。

在英语教学过程中,教师可以通过多种方式让学生了解英语国家的文化背景,通过不断对比中西方文化,明确中西方语言与文化的差异性,从而不断提升学生的交际能力。

3.注意交际行为的文化功能

跨文化交际过程中,交际双方在行为习惯、思维方式等层面存在明显的差异,这也会影响他们的语言表达与社会习惯。在英语教学中,教师需要让学生对不同的交际行为背后的文化功能有清楚的了解,从而保证跨文化交际的顺利开展。

将语用学与英语教学相结合符合现代英语教学发展的重要方向,也是提升语用研究能力的一个重要手段。运用语用学理论对英语教学加以指导,可以明确提升英语教学的目标,对英语教学的手段与方法加以丰富,从而最终提升我国学生的学习质量,培养出更符合社会需要、国际需要的英语人才。另外,语用学理论还可以帮助教师和学生解决英语教学中存在的一系列问题,促进我国英语教学的进步与发展。

第七章 认知语言学理论指导下的英语教学研究

语言与认知关系密切,无论是语言的产生,还是语言的习得,都与认知有着密切的关系。可以说,语言的学习就是一个人们对语言不断认知的过程。随着语言学研究的深入,20世纪七八十年代,语言学界出现了将语言与认知相结合的趋势,这一趋势促进了认知语言学的产生。认知语言学是从认知视角对语言加以研究的学科,其强调二者的紧密结合,认为语言是认知对世界经验进行组织而产生的。认知语言学的应用非常广泛,尤其是在英语教学中的运用。基于此,本章就对认知语言学理论指导下的英语教学展开探究。

第一节 认知与认知语言学

一、认知

"认知"一词有广义、狭义两个定义。广义的认知是指免受周围环境的刺激而独立解决问题的能力,这个意义上,认知与心理内容及心理内容和外部世界之间的概念关系有关,因此,一个具有认知能力的动物就是一个有能力面对外部世界并且让这样的能力不受环境刺激而影响行动的动物。狭义的认知是指作为高等动物的人类所特有的推理过程。

莱考夫与约翰逊（Lakoff & Johnson,1999）认为认知包括的内容十分丰富，包括心智运作、心智结构、意义、概念系统、推理、语言等方面。由于我们的概念系统和推理是来自我们的身体，因此认知也包括感知动觉系统，它促成我们的概念化和推理能力。[①]他们区分了两种意义的认知：（1）在认知科学中指各种心智运作或心智结构，这种运作和结构大部分是无意识的，包括视觉加工、听觉加工、嗅觉加工、动觉加工、记忆、注意、情感、思维、语言等；（2）在某些传统哲学中，认知有不同所指，常指概念结构或命题结构，以及对它们进行规则运算。认知意义可指真值条件意义，不是由内在的心智和身体所定义的，而是参照外部世界来定义的。因此，莱考夫与约翰逊将语言、体验都包含在认知当中，认为身体经验与思维加工密切相关，语言也是一种认知活动。[②]

如果把认知的定义建立在上面的模型化基础之上来描述人类的认知，那么认知的定义将包括所有以神经过程为基础的技能，所有这些活动都依赖于内部机制，这样的内部机制以依赖于神经元活动的复杂方式将输入转换为输出。认知可以被视为以生理过程为基础的现象之一，是一种可以归因于大脑内部神经过程的身体技能，如此认知科学就是生理学的一个部分。

桂诗春（1993）指出，人们在使用语言时，力图花最少的力气去获得更多的认知效果，而在这样的过程中，人们除了使用语言的规则，还使用交际策略，这些策略具有探索性和概率性的特点。根据对交际过程的研究分析，语言学家提出了现实原则、合作原则、关联原则，并且对语言使用的句法－语义策略、语篇的理解策略进行了翔实严谨的研究。不论是交际的策略还是语义的策略，本质上都是认知性的，因为策略意味着推断和选择，人的思维在策略的使用中发挥着重要作用。

---

① Lakoff, George & Johnson, Mark. *Philosophy in Flesh*: *The Embodied Mind and Its Challenge to Western Thought*[M]. New York: Basic Books, 1999: 13.
② Lakoff, George & Turner, Mark. *More than Cool Reason*: *A Field Guide to Poetic Metaphor*[M]. Chicago: University of Chicago Press, 1989: 67.

第七章 认知语言学理论指导下的英语教学研究

二、认知语言学

认知语言学的理论背景首先可以从其核心人物的学术背景中窥知,从事认知语言学研究的代表人物主要有三个来源:一是来自形式语法阵营的生成语义学家,由于对句法中意义地位的认识产生了分歧,他们从形式语法阵营中分裂了出来,如兰盖克,菲尔默(Fillmore)[①],莱考夫[②]等;二是从事类型学研究的功能语言学家,这些学者的研究有两个鲜明的取向,即注重语言共性和认知解释,如塔尔米(Talmy),克罗夫特(Croft)等;三是注重认知的哲学家、心理学家和人类学家,他们都在各自的学科领域对语言与认知的关联进行了卓有成效的研究,如约翰逊,吉布(Gibbs)[③]等。

把视野拓宽,从认知语言学的理论主张及其研究角度和方法来分析,可以发现相关学科领域研究成果的催生效应。20世纪70年代以来,人类学家发现的各民族中亲属词及颜色词的共性以及心理学家提出的概念原型效应(prototype effect)和基本层次范畴(basic-level category)理论,动摇了人们对经典范畴理论的信念,导致了认知范畴观的确立;心理学家对意象及图式(schema)的研究对注重语义的语法学家带来了很大的影响,这些语言学家开始意识到语言学主流所持有的客观主义认知观及在其指导之下形成的句法、语义理论存在的弊端;哲学家对形而上学现实论及符号操作认知观的批判提供了哲学层面的支持,促使认知语言学的非客观主义哲学观的形成。西方哲学对认识论

---

① Fillmore, Charles & Atkins, Beryl. Towards a frame-based lexicon: the semantics of risk and its neighbors[C]// Adrienne Lehrer and Eva Feder Kittay(Eds.). *Frames, Fields, and Contrast: New Essays in Semantic and Lexical Organization*. Hillsdale NJ: Lawrence Erlbaum, 1992: 76.
② Lakoff, G. & Johnson, M. *Metaphors We Live By*[M]. Chicago: Chicago University Press, 1980: 5.
③ Gibbs, Raymond W. & Colston, Herbert. The cognitive psychological reality of image schemas and their transformations[J]. *Cognitive Linguistics*, 1995(4): 349.

的研究中一直贯穿着感性与理性、经验论(empiricism)与唯理论(rationalism)的争论,这两种对立观点以不同方式反映在语言研究之中。莱考夫等人重新对西方哲学进行了分类,将这两种哲学思潮中的主要观点称为"客观主义理论"(objectivism),与之相对的称为"非客观主义理论"(non-objectivism)。他们认为客观主义理论来源于经验论、唯理论,从前苏格拉底时代直到20世纪始终占据着统治地位,时间长达2000多年。

第二节 认知语言学的研究内容

一、经验观及其研究内容

经验观认为,我们对语言的研究不应该建立在以内省为基础的制定逻辑规则和提出客观定义上,而是要走一条更现实的、经验式的路子。这种现实的、经验式的方法包括做实验、进行访谈和研究日常语言。做实验和访谈的目的是为了了解被试者在使用和理解词语时非客观的、经验性的因素所起的作用,以期对词语意义的研究提供更自然的、更丰富的内容。研究日常语言是因为经验观认为,日常语言记录和反映了人类认识世界及与外部世界相互作用的方式和经验。认知过程和认知方式是抽象的,但在日常语言中留下了痕迹。为了研究认知过程和方式,我们可以借助语言,从语言中将反映认知过程和方式的信息分离出来,然后用获得的信息解释语言现象。为此,认知语言学家就透过语言的表面逻辑,研究修辞语言,主要是概念隐喻和概念转喻。

经验观的实验和访谈内容主要集中在范畴问题上。世界上的事物丰富多彩、千差万别。对这些事物的命名就涉及分类的问题。分类的过程就是"范畴化",分类的结果就是"范畴"。认知范畴有四个特点。

第七章　认知语言学理论指导下的英语教学研究

（1）范畴是以人脑的认知能力为基础的,而不代表对世界现象的任意切分。

（2）类典型在范畴形成中非常重要,而认知范畴就是以在概念上具有突出性的类典型为参照点的。

（3）认知范畴的边缘具有模糊性,范畴与范畴之间是逐渐过渡的。

（4）在范畴的类典型和边缘之间,范畴成员的典型性是从类典型开始逐渐递减的。

范畴的内部结构遵循家族相似性原则。家族相似性是在分析"游戏"的概念时发现的。他发现游戏这一范畴的成员之间没有完全相同的属性,整个范畴是由重叠的相似性的网络连接。家族相似性是一组以 AB、BC、CD、DE 形式出现的事物,即每一物体有至少一个或几个属性与其他事物相同,但没有或只存在很少属性是所有事物共有的。认知范畴观认为,认知范畴的典型成员和范畴内的其他成员所共有的属性最多,而和邻近范畴的成员拥有的共有属性最少,即一个范畴的典型成员和另一范畴的典型成员差别最大;范畴边缘成员和范畴内的其他成员只有几个共有属性,却可能有几个属性是和其他范畴成员共有的。

科学的范畴层次和认知的范畴层次是不同的,具体表现在四个方面。

第一,自然科学上的范畴化目的在于对人类所掌握的所有知识进行穷尽性的划分,因此分类中的层级繁多,过于复杂;认知观认为,人脑对外部世界的较自然的范畴化应该是只包括上位、基本层次、下位三个层次的分类片段。

第二,自然科学上的范畴化标准比较固定且过于客观;认知范畴化因涉及人类对事物关注的不同程度而表现出较强的主观性。

第三,科学的范畴观认为范畴内部成员地位平等;认知观认为范畴内成员有典型与非典型之分,而范畴成员的非典型性又是范畴边缘模糊性的表现。

第四,科学范畴观不区分范畴层级在认知上的区别;而认知范畴观认为人类的范畴化是从基本层次开始,然后向上抽象到上位范畴,向下细分为下位范畴。

二、突显观及其研究内容

突显观主要讨论图形—背景在语言研究中的应用。这种应用主要表现在介词词义的分析和句法结构的分析两个方面。

(一)图形—背景分离理论

图形—背景分离理论是丹麦心理学家罗宾(Rubin)在20世纪提出的,格式塔即完形心理学家借鉴它来诠释更复杂的知觉组织框架。图形有形状、结构、连续性等特殊的属性并处于背景前面。背景特点是无形状,所具有的轮廓也似乎是属于图形的,无结构,具有均质性,背景处于图形后面。总体来说,图形在感知上比背景更突出,心理研究表明,图形更容易被感知和记住,更易于和意义、感觉和美学价值相联系。

图形—背景的区分要遵循突显原则,因为图形具有知觉突显性。但认知语言学家关心的是影响图形选择的因素。因为我们视觉系统所看到的客体没有变,对图形的选择就完全取决于感知主体了;但感知者对图形的选择不完全出于个人好恶或一时的兴致。一个图形的确定要遵循普雷格郎茨原则,即通常具有完形特征的物体、小的物体或运动着的物体用作图形。例如,在"书在桌上"一句中,"书"是图形,因为"书"遵循了完形原则中的闭合原则(书的轮廓是闭合的)和连续原则(书是一个没有缺口的整体)。另外,书的体积比桌子小。最后,书和桌子相比更易移动。所有这些特点使书被选为图形。书的可移动性在描绘运动着的客体时尤为重要,如在"气球漂浮在屋顶上方"一句中,气球是一个运动着的客体,而房子是静止不动的,前者比后者更为突出。

第七章　认知语言学理论指导下的英语教学研究

（二）图形—背景分离理论在介词词义分析中的运用

图形—背景的选择和两者之间的相互关系可用于语言分析。因为图形和背景之间的关系可以视为方位关系，而方位关系总是由介词表示，方位介词的意义被认知语言学家认为是图形—背景关系。介词词义分析中涉及的基本概念有意象图式、射体、界标和路径。

意象图式是简单的和基本的认知结构，来自我们每日和外部世界的相互作用。我们反复地经历某种位置关系就获得某种认知模式或图式。因为意象图式是从日常经验中抽象出来的，所以其具有高度的抽象性。

如果一个图形在背景中是动态的，即具有从一个阶段向另一阶段移动的过程，图形所经过的就是路径。移动的图形如子弹或导弹经过的路径被称为弹道或射道。这时的图形就叫"射体"。背景的功能相当于射体运动的参照点，因此叫作"界标"。所以，它们是应用范围更广的"图形"和"背景"的具体示例，即"射体"和"界标"分别是"图形"和"背景"的下位范畴。但"射体"和"界标"的使用在认知语言学上被泛化，因此，"射体"就表示任何关系结构中的图形或最突出的成分，而"界标"就是关系结构中作为参照的其他事物。

（三）图形—背景分离理论在句型分析中的运用

图形—背景的区分不仅可以解释介词意义，而且可以解释句子结构类型。传统语法认为一个简单句一般有主语、谓词成分（或谓语）和补充成分（如宾语或状语从句）三个主要部分构成。但简单句之间的差别很大。主语可以是人、地点、事物，也可以是"虚主语"；人、事物和地点也可以作补充成分。有时主语和宾语可以互换。传统语法学家和现代语言学各流派试图通过划分不同的动词类型来解决或通过模式转换手段来解释这些差别。和这些方法相对，认知语法认为如果将主—谓—补结构理解为图形—背景分离认知原则的一个反映,对句法多样性就可有一个统一的解释。具体地说,在一个简单的及物句中,主语是图形,宾语是背景,谓语动词是图形和背景之间的关系。

三、注意观及其研究内容

框架理论是描写句法结构的另一种尝试。因为该理论涉及认知主体在组织信息时注意力的分配问题,即认知语言学三大路向中的"注意路向"。和框架概念紧密联系的是视角,视角是针对因选择同一框架中的不同动词而导致句子成分对象的调整而提出的。计算机科学家马文·明斯基(Marvin Minsky)将框架理论引入计算机文字处理领域,用来解决像定冠词的使用这样的难题。范畴及范畴之间的相互关系是构成框架的材料,也是框架的激发器。如构成"飞行中的飞机"这一框架的范畴有飞行员、乘务员、救生背心、安全带、头等舱、经济舱、安全说明等;构成该框架的关系有"X 有 Y""X 在 Y 上""X 是 Y 的一部分"等。反之,如果提到该框架中的范畴,整个框架就会被激活。这也就是说在正常的情况下,所有框架中的范畴都会同时被激活,即所谓的"缺省分配"。

从明斯基对框架理论的应用和他对框架的定义来看,他的框架概念已经超出了简单句子的范围,进入到了一个更广的空间,是一个更宽泛的概念和认知单位。

如果说明斯基将框架理论从句子层面扩展到更一般、更广的范围的话,社会心理学家罗伯特·艾柏生(Robert Abelson)则将事件发展中的动态性引入框架理论,只是他用的术语是"图样"。图样是"专门为经常出现的时间序列设计的知识结构"。图样除了描述事件本身,还规定了一系列的动作以及进入该图样的条件、原因和有关的决定性的概念。人的头脑中储存有许多这样的图样,根据语境和经验形成的图样,人们可以预测事件的各个方面。图样不仅仅是将人们熟知的事情用特殊的格式记录下来,而且说明在我们讲话和听别人讲话的时候,我们不自觉地运用了大量的来自图样和框架的信息。根据听话者对图样的知识,讲话人在描述某个事件时常常省略该事件的某些信息甚至整个阶段。这就解释了为什么我们能将表面不连贯的语言表达正确地理解为语义信息上连贯的逻辑整体。

第三节　认知语言学理论指导下的英语教学策略

一、认知语言学理论指导下英语教学的意义

认知语言学的理论对英语教学而言意义重大,具体来说表现为如下两点。

(一)为传统的对比分析注入活力

著名学者拉多(Lado)最早提出了"对比分析"这一词汇,其认为:通过对语言展开对比,能够预测人们在语言学习中存在的问题。随着结构派逐渐衰落,生成派逐渐产生,并占据了优势的地位,认知心理学将行为主义击败。对比分析这一理论曾经在理论和实践上受到人们的批评,并且多次从外语教学研究中排除。但是,随着认知语言学的发展,认知语言学理论为传统的对比分析注入了新的活力。

认知语言学认为,语言反映出人们对客观世界的认知情况,虽然人们的认知能力具有相似性,但是由于人们观察的视角不同,因此所产生的概念化体系与认知结构也必然存在差异。对于中国学生而言,对英语的学习不同于对母语的学习,因为他们有着母语的概念系统,在对英语进行学习时势必会对已有的知识进行重组。

社会文化理论中的中介说指出,在二语学习中,母语的概念

体会无意识地发挥中介的作用,而学生对其并未产生清醒的认识。为了让学生对目的语建立概念,外语教师需要进行对比分析,让学生产生有意识的概念体系,从而有效地对语言知识进行重组。

需要指出的是,传统的对比分析主要对语言形式等展开对比,但是认知层面的对比分析主要是对概念、范畴等展开的对比。

我们可以对语法的概念差异展开对比。例如:

I have learned the subject of geometry.

我学过几何,但现在已经全忘光了。

对于上述这句话,在汉语中是非常正常的表达。因此,汉语对于已经发生的事情是给予过多的关注,但是不考虑后续产生的影响。但是,在英语中,其对于整个事件的过去和现在都给予更多的关注。

我们还可以对词汇的概念差异展开对比。例如,在汉语中,将那些印刷有文字并且装订成册的纸张称为"书",但是在英语中,不管纸张附带不附带文字,只要被装订成册,都可以被认为是 book。再如:

I persuaded him to go to Beijing with me.

我劝说它跟我一起去北京。

上述英语句子中采用 persuade 一词,表达劝说的结果非常成功,但是在汉语中,"劝说"只是一个动词,一个过程,并不代表成功与否。

通过上述这种对比,可以激发学生对比分析的兴趣。通过对比,可以让学生摆脱固化的母语概念体系,建构目标语言新的概念体系。当然,这些也都需要教师的帮助。

(二)为解释语言现象提供理论依据

著名学者泰勒(Tyler)认为,从过去的 60 年来说,虽然教学方法在不断变革,但是从语法教学内容上来说,基本变化不大,依

第七章 认知语言学理论指导下的英语教学研究

然非常传统。[①]

传统的词汇教学方法将一个词的多义现象视作词典的不同义项,教师在对单词进行教授时,也会按照词典的顺序进行教授,尤其是对那些频率较高的义项进行着重讲解,然后教授那些频率低的义项。因此,在编写教材的时候,教材编写者也会考虑频率高低来编写教材。

但是,不管教材如何对词的义项讲解顺序进行安排,这些词的义项都需要学生进行逐个记忆。可见,教师在进行词汇教学或者语法教学时,教授给学生的语言知识非常孤立与零散,并未形成系统,这很难让学生记忆与提取信息。

认知语言学为解释语言现象提供了重要的理据,也为传统教学内容的变革提供了重要方法。一般来说,其对外语教学有两方面的意义。

第一,有助于学生将头脑中散落的知识进行汇聚,然后根据一定的逻辑关系加以稳固,这样有助于学生正确理解头脑中已经存在的知识,也便于学生减轻自己的记忆负担。

第二,这种体系组织有序,这为学生提取信息提供了便利。

当然,认知语言学这种理论还可以解释学生出现错误的原因,明确虽然两个句式语义相同,但是实际不同的原因,让学生知其然,并知其所以然。虽然在英语中,很多现象认知语言学也未能给予恰当的解释,但是也不得不说其给学生解决了一系列的问题。例如:

(1) I taught Maggie English.

(2) I taught English to Maggie.

阅读上述两个句子,在生成派看来只是表层结构不同,但是深层结构是一样的,因此语义也无差别。但是仔细分析,例句(1)的语用焦点是"What did you teach Maggie?",而例句(2)的焦点是"Who did you teach English to?"。就语义上来说,例句(1)

[①] Tylor, John. *Linguistic Categorization*: *Prototypes in Linguistic Theory*[M]. Beijing: Foreign Language Teaching and Research Press, 2003: 110.

中隐含着"Maggie actually learned English.",而例句(2)则不包含这个意思。

二、认知语言学理论指导下的英语教学具体策略

认识语言学是从语言的认知能力与运用能力出发,对人的语言能力加以确定的。将认知语言学的理论运用到英语教学中,教师可以充分激发学生的认知能力与运用能力,从而便于学生记忆,教师也可以通过举例说明等展开教学。这种教学手段改变了传统语言学中仅仅将语言的字面意思作为教学重点的方式,使得教学更加深入。下面选取英语教学中的一些内容展开分析。

(一)认知语言学理论在大学英语词汇教学中的应用

1. 概念隐喻理论在词汇教学中的应用

"隐喻是用一种事物暗指另一种事物,它具有多义性和创造性等特征。"[①]通过概念隐喻,人们可以对世界加以认知,也就是说隐喻有助于人们对一词多义现象加以理解,并对词汇加以运用。因此,将概念隐喻理论运用到词汇教学中是非常重要的。

隐喻是词汇教学中的一个创新手段,其可以使词汇的含义更为丰富,使语言表达更为生动。例如:

snow-white 雪白的

pitch-dark 漆黑的

green horn 新手(最初指"犄角尚嫩的小牛")

2. 意象图式理论在词汇教学中的应用

在英语中,一词多义现象非常常见。现如今,一些学生只知道某些词的字面含义,但是遇到这个词的其他含义就不知道了。

---

① 黄芳. 象似性理论及其在大学英语词汇教学中的应用[J]. 外语教学,2007(22):218.

第七章 认知语言学理论指导下的英语教学研究

因此,一词多义现象就成了学生学习的难点。但是,从认知语言学的角度来说,某词的多个含义之间是存在关联性的,很多意义都是基于基本意义来引申的。例如:

flight (*n.*):

(1) action or process of flying through the air 飞行

(2) ability to fly 飞行的能力

(3) movement or path of a thing through the air 飞行路线

(4) aircraft making such a journey 班机

(5) swift passage, esp. of time 飞逝(尤指时间)

不难发现,flight 这一词的多个意义之间存在着某些相关性。将意象图式理论运用到英语词汇教学之中,对于词汇教学而言意义非凡。具体来说,教师在对多义词进行讲解的时候,可以将讲解每个含义的意象图式基础,引导学生寻找这些词的根源,进而在意象图式的基础上对每一个词的意义加以理解。同时,运用意象图式讲解词汇,有助于学生调动自身的积极性,提升学生的转喻能力。当学生遇到类似的多义词的时候,就能够对其进行推测。

(二)认知语言学理论在大学英语语法教学中的应用

1. 强调语法规则的体验性

语法规则具有一定的体验性。在认知语言学看来,人类的认知不是对客观世界的直接反映,而是需要基于实践来完成这种反映。因此,这就是体验性的表现。语言属于人类认知的重要组成部分,因此语言也具有体验性。同样,英语语法学习也属于一个认知过程,因此语法规则也具有体验性。[1] 这就要求教师在英语语法教学中,可以通过课堂展示的手段,引导学生体验语法规则,便于学生理解与记忆。例如:

(1) He jumped over the wall.

---

[1] 文秋芳.认知语言学与二语教学[M].北京:外语教学与研究出版社,2013:46.

(2) The students ran across the playground into the classroom.

(3) They often drive through the forest.

教师在讲述上述带有 over，across 和 through 三个介词的语法规则的时候，可以通过手势帮助学生理解与区分。通过手势，学生可以感受到三个词之间的概念差异，从而对他们的使用情况加以掌握。

2. 加强英汉语言思维表达方式的对比分析

不同的民族，其思维模式也不相同，这种差异也会在语言中有所体现。英汉民族的思维方式在语法上体现为英汉语法差异，具体表现是英语是形合语言，汉语是意合语言。

形合又称"显性"，是指借助语言形式，主要包括词汇手段和形态手段，实现词语或句子的连接。意合又称"隐性"，是指不借助语言形式，而借助词语或句子所含意义的逻辑联系来实现语篇内部的连接。形合注重语言形式上的对应，意合注重行为意义上的连贯。形合和意合是使用于各种语言的连接手段，但因语言的性质不同，所选用的方式也就不同。英语属于形合语言，其有着丰富的形态变化，语法规则众多，力求用内涵比较丰富的语法范畴来概括一定的语法意义，对句法形式要求严格。

英语句子多使用外显的组合手段，因此句子中的语法关系清晰有序。但汉语句子多用隐形的手段，语法关系并不那么清晰，而是十分模糊，如"知己知彼，百战不殆；不知己而知彼，一胜一负；不知己不知彼，每战必殆。"这句古汉语就足以体现了汉语意合的特点。汉语属于语义型语言，受传统哲学和美学思想的影响，形成了注重隐含关系、内在关系、模糊关系的语言结构特点。所以，汉语主要靠词序和语义关系来表现句法关系，并不刻意强求语法形式的完整，只求达意即可。

具体而言，受思维模式的影响，英汉语法之间的差异体现在以下几个方面。

第七章　认知语言学理论指导下的英语教学研究

第一,汉语句子注重达意,英语句子注重形式上的联系。例如,"已经晚了,我们回去吧。"这句话用英语表达是"Let's go home, as it is late."为符合英语的表达习惯,添加了相应的连接词。

第二,英语主要借助词形的变化来组句,汉语则主要借助词序和词在句中的作用及句子的意思来组句。

第三,英语倒装句多,汉语相对较少。为了表示强调,英语句子常将主动词放在主语前面,或者是没有助动词的情况下,在主语前面加 do, does 或 did,形成倒装句。汉语表示强调就相对简单,有时将宾语提前,一般是不改变词序增加某些具有强调意义的词。

总体来讲,受思维模式的差异反映了汉文化的综合整体与英文化的分析细节的思维方式的不同。在具体的大学英语语法教学中,教师引导学生充分了解文化差异对语法的影响,同时向学生输入相关的文化因素,使学生切实了解英汉语法的异同,进而提高学生的语法能力。

第八章 文化语言学理论指导下的英语教学研究

文化语言学属于宏观语言学的一个重要组成部分。在文化语言学未形成独立体系之前,语言学就已经对语言与文化的关系展开分析和探讨。到了20世纪后期,文化语言学成为一门独立的学科存在。在文化语言学的指导下,英语教学有了新的要求。本章就对文化语言学理论指导下的英语教学展开研究。

第一节 文化与文化语言学

一、文化

无论过去还是现在,人们所说的社会都是全球社会,每一种文化都是将宇宙万物囊括在内的体系,并且将宇宙万物纳入各自的文化版图之中。总体上说,文化会涉及人与社会的关系、人的存在方式等层面。但是,其也包含一些具体的内容。下面就来具体论述什么是文化。

(一)什么是文化

对于普通人来说,文化就可以比作水与鱼的关系,是一种平时都可以使用到、却不知道的客观存在。对于研究者来说,文化是一种容易被感知到、却不容易把握的概念。

第八章　文化语言学理论指导下的英语教学研究

对于文化的定义,最早可以追溯到学者爱德华·泰勒(Edward Burnett Tylor,1871),他这样说道:"文化或者文明,是从广泛的名族学意义来说的,可以归结为一个复合整体,其中包含艺术、知识、法律、习俗等,还包括一个社会成员所习得的一切习惯或能力。"[1] 之后,西方学者对文化的界定都是基于这一定义而来的。

语言学者莉奈尔·戴维斯(Linell Davis)认为:"文化是价值、信仰、文化模式、行为等的集合,在这一集合中,人们可以进行相互的学习与分享。"[2]

美国学者拉里·A·萨姆瓦等人(Larry A. Samovar et al.)认为:"文化是人们经过不断努力而积累下来的价值观、信念、知识、经验等的结合体。"[3]

1963年,人类学家艾尔弗雷德·克洛伊伯(Alfred Kroeber)对一些学者关于文化的定义进行总结与整理,提出了一个较为全面的定义。[4]

(1)文化是由内隐与外显行为模式组成的。

(2)文化的核心是传统的概念与这些概念所带的价值。

(3)文化表现了人类群体的显著成就。

(4)文化体系不仅是行为的产物,还决定了进一步的行为。

这一定义确定了文化符号的传播手段,并着重强调文化不仅是人类行为的产物,还对人类行为的因素起着决定性作用。同时,其还明确了文化作为价值观的巨大意义,是对泰勒定义的延伸与拓展。

学者威廉姆斯(Williams)指出,目前文化主要用于如下三个层面。[5]

---

[1] Tylor, Edward Burnrtt. *Primitive Culture*[M].Beijing: the ChinesePress, 1990: 52.
[2] Davis, Linell. Doing *Culuture-Cross-Cultural Communication in Action* [M]. Beijing: Foreign Language Teaching and Research Press, 2004: 24.
[3] Samovar, L. & Porter, R. *Communication between Cultures*[M]. Belmont, CA: Wadsworth Publishing Company, 1995: 47.
[4] 转引自傅铿.文化[M].上海:上海人民出版社,1990: 12.
[5] Raymond Williams. *Keywords: A Vocabulary of Culture and Society*[M]. London: Fontana Press, 1983: 87.

（1）用于对精神、知识、美学等加以描述。

（2）用于表达一种生活方式,可能是一个时期,可能是一个民族或者可能是整个人类的生活方式。

（3）用于对智力加以描述。

在文化领域下,本书作者认为文化的定义可以等同于2001年,联合国教科文组织发表的《世界文化多样性宣言》中的定义:文化是某个社会、社会群体特有的,集物质、精神、情感等为一体的综合,其不仅涉及文学、艺术,还涉及生活准则、生活方式、传统、价值观等。

进入20世纪90年代之后,很多学者也对文化进行了界定,这里归结为两种:一种是社会结构层面上的文化,指一个社会中起着普遍、长期意义的行为模式与准则;一种是个体行为层面上的文化,指的是对个人习得产生影响的规则。

这些定义都表明了:文化不仅反映的是社会存在,其本身就是一种行为、价值观、社会方式等的解释与整合,是人与自然、社会、自身关系的呈现。

（二）文化的分类

1. 交际文化与知识文化

文化和交际总是被放到一起来讨论,文化在交际中有着无可替代的地位,并对交际的影响最大,因此有学者将文化分为交际文化和知识文化。

那些对跨文化交际直接起作用的文化信息就是交际文化,而那些对跨文化交际没有直接作用的文化就是知识文化,包括文化实物、艺术品、文物古迹等物质形式的文化。

学者们常常将关注点放在交际文化上,而对知识文化进行的研究较少。交际文化又分为外显交际文化和内隐交际文化。外显交际文化主要是关于衣食住行的文化,是表现出来的;内隐交际文化是关于思维和价值观的文化,不易察觉。

第八章 文化语言学理论指导下的英语教学研究

2. 物质文化、制度文化与精神文化

三分法是将文化分为物质文化、制度文化和精神文化的分类方法。

人从出生开始就离不开物质的支撑,物质是满足人类基本生存需要的必需品。物质文化就是人类在社会实践中创造的有关文化的物质产品。物质文化是用来满足人类的生存需要的,只是为了让人类更好地在当前的环境中生存下去,是文化的基础部分。

人是高级动物,会在生存的环境中通过合作和竞争来建立一个社会组织。这也是人与动物有区别的一个地方。人类创建制度,归根到底还是为自己服务的,但同时也对自己有所约束。一个社会必然有着与社会性质相适应的制度,制度包含着各种规则、法律等,制度文化就是与此相关的文化。

人与动物的另一个本质区别就是,人的思想性。人有大脑,会思考,有意识。精神文化就是有关意识的文化,是一种无形的东西,构成了文化的精神内核。精神文化是人类在认识世界和改造世界的过程中挖掘出的一套思想理论,包括价值观、文学、哲学、道德、伦理、习俗、艺术、宗教信仰等,因此也称为观念文化。

二、文化语言学

(一)文化语言学的性质

1996年,美国语言人类学家加利·帕尔默(Gary B. Palmer)《文化语言学理论构建》一书中对文化语言学展开了系统研究,他是首次将文化语言学当作一门学科来加以研究的学者。但加利·帕尔默对文化语言学的解释与我国20世纪80年代之后发展起来的文化语言学几乎没有相同之处。我国学者认为,文化语言学关注的是语言的文化背景,是西方语言人类学与中国文化学相结合的产物。当前,我国的文化语言学的研究者主要是汉语学者、少数民族语言学者和外语学者,研究成果主要集中在汉字与

文化、方言与文化、词汇与文化、语言与民俗、语言交际与文化、外语教学与文化等方面。关于文化语言学的界定,至今没有形成统一的观点。

吕叔湘指出,文化语言学是一个民族的某种文化现象在这个民族的语言里有所表现,或者反过来说是某一个民族的语言里有某种现象表示这个民族的文化的某一个方面。根据这一理解,文化语言学自然是语言学的一个方面,是值得研究的。但如果说只有这样才算是语言学,其余的都不是,那么是很难被人认同的。

邢福义在其《文化语言学》一书中指出,文化语言学虽然与语言和文化的关系密切,但从理论而言既不是语言学的一个分支,也不是文化学的一个分支,而是一个独立的学科,有着自己独特的研究对象和目的。他还指出:"从词语结构看,'文化语言学'的'文化'和'语言'是联合关系,层次应切分为'(文化 + 语言)学',不是'文化/语言学'。"

戴昭铭在其《文化语言学导论》中指出,文化语言学主要任务仅仅是以文化和语言的关系为切入点来研究语言,探索语言诸多方面中的一个方面,从而引导人们更好地使用语言文字。文化语言学不是包罗万象的语言学科,不能取代现代语言学。

(二)文化语言学的学科属性

对语言与文化关系的理解不同,对语言的文化意义研究的角度不同,就会形成对文化语言学学科属性的不同看法。总结现有的研究,可以从以下几个方面来认识文化语言学的学科属性。

1. 文化语言学是研究语言与民族文化关系的学科

语言的起源、形成、发展以及使用等,都紧密依存于社会,存在于使用它的人群中。所以说,语言是一种社会现象,语言是与社会共同产生和发展,也会随着社会的消亡而消亡。社会之外不存在语言,所以研究语言及其发展规律,就要将语言同社会历史,同创造和使用这种语言的民族历史紧密联系起来。社会和文化

第八章 文化语言学理论指导下的英语教学研究

对于语言而言,不仅仅是一个存在的环境,它们渗透至语言的各个方面,所以当人们把眼光从语言符号本身移开,就会发现语言不仅仅是一个单纯的符号存在于社会中,而是与所处的环境和文化密切相关。

一个民族的文化所蕴含的内容十分丰富,包含着该民族的整个生态环境。只要是与该民族的社会活动相关的因素,如社会文化、观念文化、物质文化、地理文化等,都影响着该民族所使用的语言。所以,文化语言学就是要对凝结于语言身上的这些文化进行分析。这种分析工作具体包含两个方面:一是分析语言状态来观察、了解民族文化的构成,二是根据民族文化背景来观察语言的存在状态和发展变化。

文化的存在具有层次性,有全人类的文化,也有各个民族、各个社会的文化。即使在同一个民族和社会中,也会因地域、阶层、观念的不同而体现为各具特色的地域文化、阶层文化、观念文化。文化语言学虽然是以语言为研究对象的语言学学科,但其更多地关注的是民族文化,而非全人类文化,所以文化语言学是一门专注语言可行研究的语言学学科。

2. 文化语言学是阐释性学科

有学者指出,一直以来语言学研究的目的都可以分为两类,一是对语言的历史和现状进行细致的描写,从而寻找和总结一些有规律性的东西,二是对总结出来的语言规律进行解释,阐述这些语言规律的前因后果。实际上,现代语言学中的诸多学派,其研究目的基本都在描写与阐释之间来回摆动。就研究目的而言,文化语言学属于阐释性学科,其阐释的是语言所包含的文化意义,而不再仅仅是语言结构范围内的形式研究和语义研究。

将文化语言学的学科属性定位于阐释性学科,实际上表明了文化语言学更加注重语言背后的内容,文化语言学就是要通过研究来挖掘隐藏在语言内部和背后的文化因素,来阐释语言与其所赖以生存的人文环境、社会环境的关系。

3. 文化语言学是交叉性学科

文化语言学是一门建立在以语言结构系统为对象的结构主义语言学和其他多种人文性学科之间的交叉学科,主要是在狭义语言学与其他人文学科之间找到互动的关系。从某种程度上来说,文化语言学属于广义语言学的范畴,其研究所需要的不仅仅是有关语言本体的知识,还需要与语言的历史背景密切相关的各种知识。这也就是说,对社会、历史、文化方面的知识了解的越多,对文化语言学的研究越有利。

4. 文化语言学是关于语言本体的学科

上文提到文化语言学是一门交叉学科,是说明文化语言学是建立在语言学与其他学科之间,具有合成性的一门新学科。这里指出文化语言学是一门关于语言本体的学科,是指文化语言学也对语言结构本身做出自己的独到解释,而不仅仅是借助结构主义语言学的理论。许多的研究已经表明,语言的背后蕴藏着丰富的民族文化因子,它们有的作为影响语言的因素出现,有的直接以语言的存在形式出现,因此文化语言学应运用自己的理论对语言重新进行审视,从新的角度进行观察和作出描写。

因此,要建立语言本体意义上的文化语言学,也需要"结构描写"的意识。因为如果仅仅把文化语言学看作是一门阐释学科、交叉学科,这其实是承认现有的、在以结构主义语言学为基本规范的语言知识基础上进行的研究,即语言描写的任务已经完成了,现在所需要的只是对以前忽视了的语言结构中的文化意义进行挖掘、阐释。实际上,文化语言学出现的重要意义就在于它给人们提出了观察语言存在状态及演变规律的新角度和新理论,它要求做到的不仅是对现有语言知识的补充,还有在对语言文化属性深入认识的基础上对语言知识的重新描写,这就必然会对现有的语言认识带来新的反思,有的甚至是改写。关注语言本体研究的文化语言学给自己提出了更高的目标,它将对语言的本质和现象做出更多、更深入的思考。

第二节 文化语言学的研究内容

一、语言与文化的关系

语言与文化的关系是非常复杂的,如果从某一个角度来分析是存在偏颇的,因此下面从辩证的角度对二者的关系进行分析。

(一)文化与语言相互依存

语言是文化传承的载体。反过来,文化对语言发展有着巨大的推动作用。语言的发展对文化各个部分起着推动作用,如法律、政治、风俗、艺术创造、教育、思维等。相反,只有文化不断发展,语言才能发展。

语言是文化的一部分,并且是属于最初始的文化,是文化的一个重要组成部分,是精神文化的基础。但是,语言是不可以超越文化存在的,不可脱离一个民族所流传下来的对这个民族风俗习惯与生活面貌起着决定作用的信念体系。同时,文化又对语言的形式起着制约的作用,其是语言赖以存在的基础,其不断将自己的精髓注入到语言之中,是语言能够再生与发展的生命力量,其成为语言的文化内涵与语言表现形式,因此文化的发展将会对语言的发展起着促进作用。反过来说,语言的发展也对文化的发展有着巨大的意义。

(二)语言与文化相互包容

语言是文化的基础与重要部分。从这一意义上而言,语言是文化系统中的一个子系统,然而这一子系统有着自身的特殊性,即其在结构上能够将文化上的定点清晰地表现出来,其提供了对概念世界起着决定作用的分类系统。简单来说,语言是文化系统的一种典型形式,其对整体文化系统起着决定性的作用,其包容着文化的一切,对文化的一切有着涵盖的作用。

由于语言与人类行为是融合为一体的,语言是文化产生与发展的必由之路,因此语言能够详细地对一个民族的历史文化、娱乐游戏、信仰偏见等加以反映。

语言如水银泻地般的文化渗透力(Culture penetration)还使它在文化的历史发展中获得一种特定历史层面的心智氛围(the mental atmosphere),从而成为特定时代特定社会人类思想的典型标志。英国文学批评家 L.P. 史密斯指出,如果我们得到一份声称是中世纪手稿的抄本,而其中发现有 enlightenment(启蒙)、scepticism(怀疑主义)这样的字眼儿,我们将毫不迟疑地宣称,这是一份明显荒谬的伪造品;如果在一部假称是伊丽莎白时代(Queen Elizabethan,1558—1603)的剧本中,却看到 exciting event(激动人心的事件)、interesting personality(有趣的人格)这样的短语,或是发现剧中的角色在谈论着他们的 feelings(感情),我们也将即刻抛弃它;如果在假设由培根嵌入到莎翁和他自己作品中的著名暗记里,我们读到 secret interviews(秘密会见)、tragedies of great interest(重大悲剧)、disagreeable insinuations(令人不快的暗讽),我们开始怀疑培根对这些短语的著作权。

汉字的象形性对中国人认识世界的方式直接起着制约的作用,其使人在使用文字时不需要了解其读音就可以根据形态来把握其概念意义,并在一定程度上对其深层含义有所了解和把握。人们在学习汉语汉字时,对周围世界进行认知,从而完整地接受了这样一个知识途径与世界构图,以语言文字的形象贯通世界的形象,最终在语言文字上形成"目击道存"的思维形式,并以这种方式来容纳华夏文化。

语言统一文化各领域的功能,使语言问题在现代化进程中日益凸显出来,因为现代化的问题归根到底是人的现代化(modernization)问题。这就不能不与人及整个民族和社会的文化意识(culture consciousness)、文化素质(culture quality)、文化传统(culture tradition)、文化氛围(culture atmosphere)、文化

第八章 文化语言学理论指导下的英语教学研究

构成（culture formulation）、文化功能（culture function）、文化发展（culture development）的态势等发生关系。因此，现代人无疑应该具有一种崭新的文化含义（culture meaning）、文化形象（culture image）和文化精神（culture spirit），这就必然需要在其思维方式（mode of thinking）、心理意识（mental consciousness）和审美情态等方面有一个较为深刻的革命，这一革命的必要条件就是语言的解读和更新。

从本质上说，语言是对传统的阐释与理解。人之所以成为现实与理性结合的人，就是因为他对某一文化传统的语言进行无可选择地接受，并通过语言对传统进行理解与解释。

语言的更新是思维方式革命和文化观念更新的必然要求。过去人们总是过多地强调思维而较少地谈论语言，并且往往在阐发语言和思维（形式和内容）的关系时，把语言放在一种从属的和被动的位置，从而使语言的实际作用遭到忽略，事实上语言对于人类思维的发展和社会形态的形成有着不可低估的作用。

二、语言对文化的影响

语言对文化有着巨大的作用，具体有如下两点表现。

第一，由于语言是思维的唯一载体，而思维又是文化产生的根基，因此语言不仅将特定人群的特定文化反映出来，也会对文化产生巨大影响。思维及具体的思维模式是文化产生的根基与前提，以思维作为基础，才会出现价值观、世界观等各个文化要素，另外，语言对人类思维的质量有着重要影响，以至于对文化的发展产生影响。对于这一点，主要指的是语言在其发展过程中存在明显的阶段性，如现代的语言要远远超越早期的语言，并且具有严密性、深厚性；但是这一点也指的是在同一时期，不同阶段特定人群之间的差异，如多数现代的语言要比现在生活在亚马逊地区、非洲偏远地区的土著居民语言的表现力更为强烈，并且蕴含着丰厚的文化内涵。

第二，作为文化的记录器和传播者，语言可以使文化的内涵代代相传。

三、文化对语言的影响

文化对语言有着重要的影响，由于各国的文化背景不同，其文化特色也非常明显。这种民族间的差异在语言的表达上有明显的体现，尤其是语言的内涵上。下面就从几大层面展开分析。

（一）交际方式

文化与交际有着密切关系。受交际双方文化背景的影响，彼此在展开交际时必须考虑文化因素，这样才能保证采用恰当的交际手段展开交际。下面具体分析文化对交际的影响，主要体现在两大方面。

1. 文化对交际模式的影响

文化对交际模式有着巨大影响。交际模式受交际双方文化背景的影响和制约。因此，为了保证交际顺利，必须选择恰当的交际模式。

（1）何时讲话

对于"何时讲话"，由于受文化背景的影响，双方需要遵循彼此各自的规则。例如，对于个人因素，西方人非常看重，因此避免在公共场合谈论。相比之下，中国人对其并不十分看重，因此愿意与他人展开交谈，即便是陌生人。

（2）话题的选择

在交际中，话题的选择十分重要。受文化背景影响，交际双方选择的话题必然不同。例如，中国人在交谈中习惯谈论薪资水平、家庭状况等，这些在西方人眼中被看作是隐私。

（3）话轮转换

所谓话轮转换，即交际双方在交际过程中，不断转换自身的角色,即说话人与听话人之间的角色转换。

当交际双方所处的文化背景不同时,话轮转换也是不同的。例如,日本人之间在进行交谈时,话轮的转换需要交际者考虑时机,在恰当的时候选择转换。美国人则不同,美国人在交谈时,可以直接进行话轮转换。

2. 文化对交际风格的影响

除了交际模式,交际风格也会受到文化的影响和制约。具体来说,主要表现为如下几点。

(1)直接交际风格与间接交际风格

交际风格包含两类,即直接交际风格与间接交际风格。

直接交际风格是在交际中交际双方直接传达自己的信息,是一种直接的手段。

间接交际风格是在交际中交际双方委婉传达自己的信息,是一种间接的手段。

显然,间接交际风格是一种含蓄的交际风格,这在我国体现得尤为明显,因为我国受儒家思想的影响。相比之下,西方就更倾向于采用直接的手段。

(2)个人交际风格与语境交际风格

交际风格还可以划分为个人交际风格与语境交际风格。

个人交际风格强调在交际过程中彰显个人身份,因此第一人称是最常用的交际方式。

语境交际风格强调在交际过程中注重语境,具体语境具体分析。

例如,英语中对于教师或者长辈的称呼多用 you,汉语中多用"您"来称呼。

(二)表达形式

基于哲学的背景,中西方国家对同样的事物的情感倾向会存在明显差异,这就导致价值判断的差异性。中国人往往比较注重

共性,比较内敛;相比之下,西方人注重个性,比较直接。因此,在跨文化交际的过程中,会出现宏观情感的错位。例如:

无论是在英语中,还是在汉语中,表达感谢的言语行为是十分常见的,但是所使用的频次与场合却存在明显差异。西方人不仅对同事、上司、陌生人的帮助表达深深的感谢,对那些关系亲密的朋友、亲属也会表达谢意。例如,丈夫给妻子冲一杯咖啡,妻子会表达感谢;儿子给爸爸拿一份报纸,爸爸也会表达感谢等。与之相比,由于中国人的传统观念,下属为上司办事是应尽的义务,因此没必要说感谢,而且家庭成员之间不需要表达感谢,因为在中国人看来,亲属之间表达感谢会让人觉得很见外。另外,对他人给予的夸奖或者关心,西方人都会表达感谢。例如,西方人觉得别人关心自己时,往往会说"Have a good flight?""Not at all bad, thank you."用这样的话语表达对对方的感谢。同时,西方人在公共场合发言之后,一定要听到听众的道谢之声,这样才能让发言者感受到听众在认真地听他说话。因此,"Thank you!"在英语中使用频率颇高,甚至高于汉语中的"谢谢"。中国人在表达感谢时主要是感谢人,而西方人除了要感谢人,还要感谢物品,甚至会感谢时间。因此,西方人常用"Thank you for your time."等这样的表达。

受传统文化的影响,拒绝在英汉言语交际行为中也非常常见。拒绝主要是围绕请求、邀请等展开的。汉语拒绝言语行为的因素主要是社会地位,地位较低者在拒绝地位较高者的建议或者请求时,往往会表达遗憾并道歉,但是地位较高者拒绝地位较低者时往往不需要道歉。受平等人际关系取向的影响,西方人对社会地位较高的人并不会向中国人那样敏感,反而他们会十分关心地位是否平等,不同社会地位的人在拒绝建议与请求时,都会表达遗憾和道歉。如果关系较为明朗,如亲朋之间,美国人倾向于使用"no"等直接的方式;如果关系不够明朗,即较为熟悉的同事与同学之间,人们倾向于间接的拒绝,具体如下。

表示遗憾:I am sorry...

陈述拒绝原因：I have a headache.
对请求者移情：Don't worry about it.
表示自己的态度语：I'd like to but...
哲理性的表态：One can't be too careful?
原则的表示：I never do business with friends.
表示未来可能接受请求的愿望或可能性：If you had asked me earlier...

第三节　文化语言学理论指导下的英语教学策略

一、外语教育的文化立场

所谓外语教育的文化立场，指的是在外语教育中，将语言知识承载的文化背景、文化差异以及文化思维方式等纳入语言教育过程的一种外语教育策略。其超越了传统单一的语言知识教学，将语言知识内在的文化因素、文化价值等挖掘出来，从而赋予语言知识教学特殊的文化意义与文化语境，增强学生在语言学习中的文化适应性与文化理解力。

(一)外语教育的语言学立场的局限性

所谓外语教育的语言学立场即将外语作为一门语言知识来教授的教育策略。具体来说，外语教育的语言学立场主要教授给学生词汇、语法等语言知识与语言规则，忽视语言背后的其他内容的教授，外语教育中这种单一的语言学立场明显是具有局限性的。

1. 割裂了语言与文化的内在关联性

众所周知，语言与文化关系密切，语言是文化的载体，文化是语言的灵魂。语言教育肩负着使不同文化得以传递、保存、发展的重要责任,因此外语教育是一种文化传播的过程与手段。

语言与文化具有同构性。从语言的形式构成来说,任何语言都是由语音、词汇、语法等要素构成的;从原因的形成来说,任何原因都是对特定价值观念、思维方式等的反映,每一种语言都与某一特定的文化相互对应,而修辞的运用、语言结构的选择、语言意义的生成等都会受到文化特性、文化价值观的规范与制约。因此,就本质上而言,语言的发展与传播反映的是文化思维方式、文化价值观念等的变革。就教育层面来说,语言学习的过程就是文化理解、文化传播的过程,也是促进学生思维方式与价值观念建构的过程。如果学生的语言学习离开了文化学习,那么学生学到的仅仅是语言符号,只能导致语言学习的符号化。

也有人认为,文化学习是源自语言学习的。但是如果把文化的东西简单地视作形式化的语言符号,那么文化学习就走向纯粹的语言符号了。传统的外语教育只注重语言形式的学习与技能培养,人为地将语言教学与文化教学割裂开来。这样很多学生即便学到了语言知识,能够说一口流利的语言,但是也很容易出现语用错误。实际上,任何知识都是由三个部分组成的:符号表征、逻辑形式与意义,而逻辑形式与意义不仅在符号表征中呈现,还在语言知识特有的文化元素中呈现。如果将语言的符号知识与其隐含的文化元素割裂展开教学,便是割裂了语言知识与文化内涵之间的关系,这样的外语教育显然也会失去文化立场。

2. 不利于渗透国际理解教育

与母语相比,外语教育为学生打开了另外一扇窗户,其能够引导学生了解另外一个民族的语言文字以及背后的文化与价值观念等,进而提升学生的文化理解力。尤其在当前经济全球化背景下,外语教育需要确立一种开放的思维方式,引导学生逐渐形成国际理解力,但是外语教育这种单一的语言学立场显然并未认识到文化的重要作用,很难让学生认识多元的世界,形成一个开

第八章 文化语言学理论指导下的英语教学研究

放的思维。

3. 不利于提升学生文化选择力、文化判断力、文化理解力

随着我国改革开放的推进,国际合作办学不断发展,很多城市开办了国际学校,招收不同国籍、不同种族、不同文化背景的学生,这必然对多元文化教育提出更高的要求。教师如果对不同的文化模式不了解,就很难驾驭多元文化教育课题要求,很难提升学生的文化选择力、文化判断力、文化理解力。

(二)外语教育的文化立场的意蕴

外语教育的文化立场作为外语教育的一种基本策略与思维方式,并不意味着在语言知识中简单嵌入文化因素,而是将语言知识与文化知识整合起来,更好地融为一体展开教学。

1. 有利于实现外语教育的文化立场转向

外语学习不仅是一种语言学习,更是一种对多元文化认识与理解的过程。单一的语言学立场容易造成语言与文化的分离。众所周知,语言与文化是并存、共生的,二者是密不可分的关系,语言是文化的载体与产物。语言本身就属于一种文化现象。一个民族的文化在其民族语言中隐藏,因此语言结构具有民族文化的通约性。如果不了解语言中的社会文化,那么就很难真正地理解语言。因此,就本质上说,语言教学与文化教学有着密不可分的关系,语言教学本身应该将文化内容纳入其中来讲授。而且,学生通过对文化知识的学习,能够了解不同的思维方式与风俗习惯,拓展他们语言学习的知识面,提高自身的文化修养。

2. 有利于克服单一的语言知识教学的局限性

外语教学不仅是一种文化教学,更是跨文化视角下的文化回应性教学。所谓文化回应性教学,即要求在教学目标上培养学生尊重其他文化的态度与意识,帮助学生形成自身文化的自豪感与

认同感,使学生能够从不同视角对同样的事件和经验加以审视与理解,提升自身对文化差异的鉴赏力。外语学习其实属于一种跨文化学习。外语与母语有着不同的价值观、不同的文化背景,因此在外语教育中,教师需要引导学生在了解语言符号知识的基础上,对不同的文化立场与文化背景进行认识和了解。同时,回归母语文化,对不同文化因素的差异性进行判断与理解,对人类共同的核心价值观进行识别,从而有助于培养学生形成尊重其他文化的态度,构建对自身文化的自豪感。

二、文化语言学理论指导下的英语教学中的意义

当前,文化语言学理论在英语教学中有着重要的作用,其不仅符合当代社会发展对教育的要求,也是有助于实现英语教学的目标,同时与中国的国情相符合,因此下面就重点探讨文化语言学理论在英语教学中的作用,即文化教学在英语教学中的作用。

(一)有利于促进经济发展

改革开放以后,中国发生了翻天覆地的变化,从曾经的贫穷落后的农业大国已经跃升为世界第二大经济体。即使如此,中国依然有着更高的目标,依然要不断提高自己在国际上的经济地位和市场竞争力。国际市场竞争力说到底还是人才的竞争力,高校作为为国家培养、输送人才的主要基地,也必须适应我国经济发展的需要。英语作为高等教育的一门基础学科,影响着学生的职业生涯和可持续发展。英语能力不仅体现在英语知识的掌握程度上,还体现在文化背景知识上。从这一点来讲,英语教学中的跨文化教育也是必不可少的。

(二)有利于实现素质教育

现如今,我国对于素质教育非常推崇。作为一门基础课程,英语教学也是素质教育,乃至文化素质教育的重要项目。就跨文

第八章　文化语言学理论指导下的英语教学研究

化教育的视角来说,英语文化教学是实现素质教育的一个重要工具,也可以说是一个主要渠道。这是因为,英语教学除了知识传授外,还有文化素质与文化思维的培养,这与文化教学的要求有异曲同工之妙。

因此,在英语文化教学中,教师必须将语言与文化的关系处理好,引入西方国家文化,汲取其中的有利成分,发扬我国的文化。

三、文化语言学理论指导下的英语教学具体策略

在文化语言学理论指导下实施英语文化教学,可以使学生在语言学习中理解与接受异域文化,从而为顺利展开跨文化交际做准备。对于我国大学英语教学的对象而言,在英语学习的过程中,不可避免地会有文化的学习。这一过程有助于学生开阔眼界,建立文化身份,形成自身的批判性思维。有理念,就有方法论。方法形成之后,也不是恒定的,会随着理念的变化而变化。既然英语文化教学的理念在广泛传播,那么它的实施策略就需要被探讨。概括而言,英语文化教学的具体策略主要有以下几种。

(一)师生互动策略

教师要努力尝试通过和学生的互动来实施英语文化教学。教学的本质决定了教学不应该是单向行为,而是双向行为。因此,英语文化教学应该真正回归到教学的本质上来。互动法的完美落实,需要教师做好一些功课。首先,教师要培养学生正确的文化心态,使学生平等看待一切文化。其次,教师要营造平等、自由和开放的互动氛围,鼓励倾听和表达,使得学生尽情发挥,畅所欲言。在互动过程中,教师和学生扮演不同文化中的角色,使学生理解外来文化。

（二）文化引入策略

1. 背景说明

在中国，学生一直浸润在母语环境中，周围的英语环境极其缺乏，甚至是空白的，因此学生对很多文化背景知识可能是不太了解的。当学习材料中的文化背景知识影响到学生对学习材料的理解时，教师可以对重要的文化背景知识做一些说明介绍。教师的说明介绍最好安排在讲解学习材料之前进行，以便为学生理解学习材料做铺垫。要将说明介绍的工作做好，教师需要提前在课外时间做好准备工作，搜集一些与教学内容相关的典型文化知识，并通过自己的消化理解将其恰当地应用到课堂之中。

通常情况下，教学材料中的作者、内容和事件发生的时代可能都蕴含着一定的文化内涵，学生必须广泛学习这些背景知识，否则就难以准确理解所学材料。例如，当学生读到《21世纪大学英语》第一册第十单元 Cloning: Good Science of Bad Idea 中的 "Faster than you can say Frankenstein, these accomplishments, triggered a worldwide debate（不等你说出弗兰克斯坦，这些成果就已经引发了世界范围的大辩论）" 这句话时，可能不明白如何解释 Frankenstein，因此也不明白整句话的意义。在这种情况下，教师需要介绍以下三点以理解该材料有关的背景知识。

（1）英国女作家 Mary.W.Shelley 写了一部科幻小说，并以自己的名字为这部科幻小说命名，而这部小说描写了一位发明怪物并被它消灭的年轻医学研究者，名字叫作 "Frankenstein"。

（2）在英语中，有个成语为 "before you call say Jack Robinson（开口讲话之前）"，"Faster than you can say Frankenstein" 就是根据这个成语创造出来的。

（3）文章中的人物是在一定的社会背景下出现的，当时克隆技术大肆蔓延，作者极度担心克隆技术会对人类社会造成重创，这一担心又得到了世界上已经掀起的大辩论的证明，因此读者就

第八章　文化语言学理论指导下的英语教学研究

将克隆技术与小说情节相联系起来。

2. 比较分析

有比较，就有结果。只有在比较中，事物的特性才会表现得更加明显。经过了不同的历史轨迹，中国和西方国家在长时间的历史积淀中形成了不同的文化。因此，在英语文化教学中，教师可以通过母语文化和英语文化的明显比较，来让学生更加深刻地认识母语文化和英语文化。在跨文化交际中，学生也因此就提高了文化敏感性，会更加重视文化对于交际的影响，从而减少甚至避免文化差异引起的交际冲突。打个简单的比方，问别人的行程和年龄在中国是很正常的，但是在西方人眼里是对隐私的侵犯。

在外研社版的《大学英语》第三册第四课 Darken Your Graying Hair, and Hide Your Fright 中，主人公这么介绍了自己："I have a wife, three daughters, a mortgaged home and a 1972 'Beetles' for which I paid cash." 中国学生乍一看，主人公开着德国大众"甲壳虫"汽车，这在中国国情下不是很多人能够担负起的，因此就会认为这位主人公过得比较富裕。但是，读者要站在西方社会的角度去审视这个问题，西方国家的汽车就如同中国的自行车一样普遍，"甲壳虫"汽车空间小又省油，是中、低收入家庭的首选车型。了解了这一点后，中国学生才发现自己的认识偏差，原来主人公的介绍是表示家庭成员较多，生活比较紧张。另外，在消费观念上，中国人比较保守，一般不会提前预支，并且还要对未来的生活支出做好准备；但是英美人倾向于提前消费的方式，如分期付款、抵押贷款等。这就是文化差异在消费观念上的体现。

3. 文化讨论

文化讨论是教师进行英语文化教学的重要策略，首先这一策略充分尊重了学生的主体地位，其次学生在讨论过程中可以学习关于文化的各种知识，最后讨论策略有助于提高学生对文化学习的积极性和主动性。因此,教师在英语文化教学中,可以灵活采用文化讨论法进行教学。具体来说,教师以班级为单位,组织学生就某个专题开展面对面的讨论,并在讨论过程中解决实际问题或解答特定课题。教师可以提前布置一定的任务,让学生进行有针对性的讨论。

(三)附加形式策略

以附加形式实施英语文化教学,就相当于一碟开胃菜,形式可以多样化。例如,在教材中设立文化专栏,在课外组织参观文化展览,举办英语文化主题讲座,或组织文化表演等。教师也可以将优秀的但是传播度不高的英语书籍介绍给学生,并以书中的文化知识为主题开展讨论、戏剧表演、知识竞赛等活动。这些活动都需要在教师的指导和监督下进行,以便真正实现英语文化教学的目的。以戏剧表演为例,微型剧包括3~5幕,每一幕包含一两个文化事件,学生在参与戏剧的过程中,可能会导致一些文化误读的现象出现,通过反思、调查之后,就能找出文化误读的根本原因,从而学习了文化知识。

第九章 应用语言学理论指导下的英语教学研究

在语言教学的过程中,应该重视应用语言学的指导意义,从而不断提升教学的效果与科学性。这是因为对于语言教学来说,应用语言学不仅能够加深人们对于语言本质的理解,还能够提升人们对语言教学本质的理解与认知,从而帮助教师作出一定的判断。本章就从应用语言学的基础知识入手,探讨应用语言学指导下的英语教学。

第一节 语言应用研究与应用语言学

一、语言应用研究

语言是人类的重要交际手段与工具。基于语言,人们可以沟通与交流,社会才得以进步。在语言出现之后,人类与语言的关系研究也被给予了过多的重视。由于语言涉及多个层面,因此不同民族、不同目的下的语言也存在差异,从而导致多个语言学科产生。应用语言学就是在这样的背景下产生的。

对语言应用展开研究需要从语言理论与具体语言现象出发考虑。工具性是语言最大的属性,语言研究也应该对其展开研究。随着社会的不断进步,语言交际的作用在不断扩大。

最初,人们是用口头展开交际的,随着文字的出现,人们开始用书面展开交际,从而扩大了语言的交际范围,满足了人们的不同需求。在科技的作用下,语言还能够以语音的形式进行保存。现如今,随着科技的进步,语言的发展更为新颖化,出现了网络语言。

就上面的论述可知,在时代的发展背景下,语言的范围在不断扩大,这不仅使语言的交际功能得以提升,还使人类的语言研究更为丰富。当然,科技的发展对语言也提出了新的要求,因为计算机的使用使得人类不断利用其对语言进行处理,建立了语言信息系统,这就使得语言文字出现了新的活力。

另外,社会一体化进程的加快使得人们对语言应用展开分析。我们都知道,语言是基于一定的语言使用规则产生的,带有一定的标准性与规范性。但是,人类如何制订标准,如何制订符合语言、可行的标准,就需要语言学家进行深入分析和研究,从而使得这些研究与语言的发展规律相符。

二、应用语言学

(一)应用语言学的内涵

1. 应用语言学的范围

英国应用语言学家科德(Corder)自始至终都将应用语言学视为一种实践活动,他将应用语言学和理论研究相区别,认为应用语言学就是对理论研究成果的一种运用。

齐沪扬、陈昌来强调,应用语言学从广义上讲是关于语言学应用在各个领域的科学,是运用语言学理论和方法来解决各个领域中有关语言的问题。在这个意义上,应用语言学成为语言学和其他学科相互作用所产生的一门边缘学科。

黄国文也认为应用语言学是运用语言学理论解决与语言有关问题的学科。

我国还有一种观点认为,应用语言学的研究对象是语言的应

第九章 应用语言学理论指导下的英语教学研究

用,语言的应用也需要理论的支撑,这种理论是依据语言应用的实践总结、概括出来的理论,因此应用语言学是包括理论的。这一观点的代表人物包括龚千炎、于根元、冯志伟等学者。于根元还认为,语言本体和本体语言学可以应用在很多方面,并且和这些方面发生相互作用,从而不断地发展,应用语言学就以这些内容为研究对象。并且他进一步提出,本体语言学、应用语言学都包含自己的理论,而语言学理论是本体语言学理论和应用语言学理论的融合和提升。

陈章太认为,应用语言学是语言科学的三大构成要素之一,另外两个构成要素分别是本体语言学和普通语言学。应用语言学的研究对象涵盖社会生活的方方面面,主要研究语言在政治、经济、教育、科技、文化等领域的应用问题,因此研究方法主要是借鉴语言学和科学中的研究方法。他还将应用语言学分为理论应用语言学、一般应用语言学和机器应用语言学,其中,理论应用语言学是关于应用语言学的基本理论和方法的一门科学,包括人与人之间交往的语言应用技能以及人与机器交往的语言应用技能;一般应用语言学主要涉及语言在翻译、文字、语言修养、教学等领域的应用;机器应用语言学具体包括语音识别、自然语言理解、机器翻译、语言信息处理、情报检索等。

中外语言学家关于应用语言学的所有界说可以分为三类:单源界说、多源界说和超越界说。隋铭才、魏立明通过对这几类界说的分析和探索,强烈建议将界说的重心移向"应用"本体,并将应用语言学的研究范围确立为"运用语言学理论和学科理论来解决语言实际问题和语言教学问题"。

综上所述,应用语言学和理论语言学相对应,都归属于语言学的门类。但是,它有狭义和广义之分。狭义的应用语言学专指语言教学,特别是外语教学和第二语言的教学。广义上的应用语言学是将语言学理论和方法应用在其他领域以解决该领域中有关语言的问题。可见,与其说应用语言学是"消费者",不如说是"产出者"。在肯定应用语言学的理论性的同时,更要重视应用语言学的应用性。理论当然需要壮大发展,这样才能更好地指导实践。但是,"应用"才是应用语言学的终极目标和存在的根本。

2. 应用语言学与理论语言学的区别

1870年,波兰语言学家博杜恩·德·库尔特内(J.Baudouin de Counenay)强调,应用语言学与纯粹语言学相对应,专指语言应用方面的研究而不是理论研究,也就是研究语言在各个领域中的应用。

陈志明认为,狭义的理论语言学相当于普通语言学,广义的理论语言学包括了人类语言研究的所有理论和方法,既包括人类一般语言的共同规律,又包括个别语言的特殊规律。与理论语言学相对应,应用语言学重点关注语言的应用问题。

戚雨村指出,狭义的应用语言学指语言学理论在语言教学领域的应用。广义的应用语言学除了包括狭义的应用语言学所研究的范围,还应用于失语症和言语病理、人工智能等方面。

刘涌泉、乔毅认为,理论语言学主要关注的是语言的理论问题,对语言的规律进行归纳,并且在这个过程中会涉及语言的历史状态。应用语言学关注的是语言在现实生活领域中的应用,一般不接触语言的历史状态。两者之间相互联系、相互作用,理论是应用的指导,应用是理论的基础。应用语言学将语言学理论作为自己的研究利器,并且是各种理论的试金石。

冯志伟强调,语言学由描写语言学、理论语言学和应用语言学共同组成。这三者各自分管着自己的研究领域,各司其职。描写语言学主要研究的是语言结构的形成原则,理论语言学着重探讨语言的一般理论问题,应用语言学聚焦于语言在各个领域中的应用规律。当然,他也指出,不能简单地将理论语言学和应用语言学对立起来,二者还是有着内在联系的,应用语言学可以在一定条件下利用理论语言学对某些描述语言的成果进行探索。另外,应用是应用语言学研究的入手点和落脚点,应用语言学应该仔细琢磨语言学和其他学科的接触面,探索语言和语言学在其他

第九章　应用语言学理论指导下的英语教学研究

领域中应用的基本规律和原则,由此产生自己的理论,这也进一步丰富了理论语言学。

斯涕格·埃里阿森(Steg & Eric Assen)详细研究了理论语言学与应用语言学的区别。他指出,虽然理论语言学与应用语言学之间肯定存在界限,但是这个界限有时候非常模糊。大量学者一致认为,找出二者之间的界限是非常关键的。为了划出一个恒定的、精准的界限,就应该立足于内在的标准之上。

(二)应用语言学的特点

任何学科的研究,必须要对学科定性。因此,很多学者都对应用语言学的学科特点进行了积极探讨。目前,中国学界大致有两种观点。

于根元曾经将语言学比作一个轴承,语言学下属的所有分支学科就是轴承里面的滚珠。分支学科相互作用,相互推动,并且还影响着整个语言学的发展。应用语言学的学科特点就是研究语言、语言学和各个领域相互作用的普遍性、特殊性规律。

桂诗春认为,应用语言学最基本的特点就是它和系统工程的对应性,并首次将应用语言学的特征总结为独立性、综合性、应用性和实验性四个方面。[1]

齐沪扬、陈昌来也明确指出应用语言学的独立性、综合性、实用性和实验性。

冯志伟强调,狭义的应用语言学和广义的应用语言学都归属于应用语言学这门统一的语言学科,因此具有一些普遍性的规律。他也提出了应用语言学的独立性、综合性、实用性和实验性特点,这些特点正是它有别于理论语言学、描写语言学的特色之处。

蔡建华认为,应用语言学的研究思路和方法决定了它具有应用性、综合性和实验性这三个特点。应用语言学不仅是一门应用学科,而且是一门独立学科,还是一门边缘学科。

---

[1] 桂诗春.20世纪应用语言学评述[J].外语教学与研究,2000(1):2.

上述两种观点不是截然对立的,而是相互渗透、相互影响的。

1. 实用性

谈到应用语言学的特点,最显著的一个特点就是它的实用性,这是它区别于理论语言学的一个本质特征。应用语言学的终极目标就是应用,应用是它存在的根本和生命力。应用语言学如果缺少"应用",那么就没有存在的价值了。举个简单的例子,语言教学作为应用语言学中产生较早的领域,旨在解决语言教学中遇到的有关语言的问题,为语言教学的顺利进行保驾护航。

2. 实验性

应用语言学为了达到自身的目的,走的是一条实验性的道路,而不是纯理论思辨式的道路。在这一点上,应用语言学和自然科学是如出一辙的。在对科学的研究中,证据和对证据的论证是最重要的,这是大众是否接受、认可研究结论的关键所在。那么,这就涉及研究方法的选择了。调查法和实验法是应用语言学研究的两个重要的方法,都要对材料、数据、结论进行统计、比较和分析。因此,应用语言学研究的重要手段显然就是统计了,该手段的运用有利于达到定量和定性的统一,保证结论的权威性和可信性。

3. 独立性

应用语言学既然是研究语言在各个领域中的实际应用,那么就说明它具有明确的研究对象和研究任务,拥有自己的研究理论和方法,这就体现了它的独立性。在实际应用的实践中,应用语言学不断总结、升华理论,这也促进了语言学理论的进一步完善。

4. 综合性

应用语言学是语言学在各个生活领域的应用,那么它就必须

第九章　应用语言学理论指导下的英语教学研究

涉及较大的应用范围,这样它才能研究语言和更多社会因素之间的关系,才能发挥更大的应用价值。因此,应用语言学一定具有综合性。要研究应用语言学,必须具备多种学科的知识,除了语言学知识,还要具备社会学、心理学、教育学、经济学等学科知识。

任何一门学科都是不断发展的,应用语言学也必须如此。对应用语言学的研究必须与时俱进,不断创新。

(三)应用语言学的发展历程

1.国外应用语言学的发展

(1)起步阶段

美国是应用语言学的发源地。1870年,"应用语言学"这个术语首次被人们获悉,还是源于博杜恩(Baudouin)。这个概念虽然被提出来了,但是它的研究对象和范围都没有确定,也未确立自己独特的理论和方法体系,因此没有引起人们的高度重视。但是,这一局面终于在20世纪40年代被打破,具体原因在于二战后外语教学的迅速壮大。当时,科技、军事、政治和经济的发展要求外语教学必须跟上节奏。人们在外语教学中遇到一些问题,所以开始重视应用语言学的研究。弗赖斯(Fties)、拉多(Lado)等专家在美国密执安大学的英语学院专门从事对外英语教学的研究工作,并出版了世界上第一本应用语言学杂志,主要针对英语教学问题进行讨论。因此,应用语言学起初就是研究语言教学的,特别是第二语言教学。

(2)壮大阶段

20世纪中期,世界上的许多国家纷纷意识到外语教学和学习的价值。但是,面对外语教学所获得的不乐观的效果,人们越来越认识到外语教学是值得仔细研究的。1957年,国防教育法案将外语作为中学三门基础学科之一。在此后的几年时间里,为了促进外语教学,美国建立了大量的语言实验室,培训了一大批英语教师,并开展了很多项外语教学研究活动。1959年,美国华盛顿成立"应用语言学中心",主要开展英语和外语教学研究。自1958年英国爱丁堡大学研究生部建立应用语言学学院以来,世界上很多大学纷纷效仿,都开设了应用语言学专业,以培养应用语言学的优秀人才。

应用语言学在20世纪60年代得到了快速的发展,并在1964年真正确立其学术地位。有关应用语言学的学术著作、教材和刊物在英国和美国大量出现。欧美各国大学纷纷开设应用语言学课程与专业,并培养该课程的硕士、博士研究生。应用语言学不仅将研究的目光定位于语言教学,还发展出了社会语言学、计算语言学和语言信息处理等一些分支学科。

2. 国内应用语言学的发展

自先秦以来,历代学者围绕语言做了大量的研究,涉及很多方面,如语言规划、语言教学、词典编纂等方面。

在语言规划上,秦朝就提出了"书同文"的语言文字政策。

在语言教学上,古代学者就不断总结在阅读教学以及汉字和书法教学方面的经验。

在词典编纂上,先是编纂了《说文解字》,后来又有了《康熙字典》。

于根元认为,我国应用语言学主要是在19世纪后期现代语文运动的推动下走向壮大的。当时,在我国的传统语言学(传统语文学)开始向现代语言学转变的过程中,以白话文运动、国语统一运动、文字改革、拼音化为标志的现代语文运动开始产生。

(1)围绕现代语文运动展开

白话文运动、国语统一运动以及拼音化运动是现代语文运动的三个主要方面。

20世纪前期,应用语言学主要是围绕白话文运动和国语统一运动开展的。"五四运动"前后,在白话文运动、国语统一运动的浪潮之下,书面语和口语都将北京话确立为现代汉语标准语。在中小学,文言文教育逐渐被国语教育代替。无论是在理论上还

第九章　应用语言学理论指导下的英语教学研究

是在实践上,现代语文教育都表现出了良好的发展势头。

起源于清末的拼音化运动在 20 世纪上半叶制定出了很多给汉字注音的方案,前后分别公布了"注音字母""国语罗马字""中国拉丁化新文字"等典型方案。拼音化运动不仅对汉字注音、汉字教学、普及教育有着巨大的推动力量,而且拉丁字母及音标的使用还有利于语言调查、记录和描写、分析。

(2)伴随着文字改革运动上新台阶

新中国成立后的十几年里,政治、经济、文化形态翻开了新的篇章,这也极大地影响着语言文字工作和语言文字生活,带来了两个结果。

第一,语文运动深入发展,语言文字规划收获了丰硕的果实,现代汉语规范化的标准得以确立。

第二,更多的普通大众开始接受和认可语言文字学习,语言知识普及的路走得更远了。

1955 年,"全国文字改革会议"和"现代汉语规范化问题学术会议"的召开,标志着我国应用语言学研究走上了新的历史阶段。在新形势下,现代语文运动又被称为"文字改革运动",它的目标主要在于简化汉字、制订和推行汉语拼音方案、推广普通话,并且也已经达到了空前的顶峰状态。

第一,简化汉字方面。

1964 年,《简化字总表》被编印出来,并在 1986 年进行了略微的调整,这确立了简化字的合法地位。汉字笔画有了明显的减少,人们书写和认读起来就更加高效,因此,《简化字总表》自推行以来就受到了广泛的肯定。

1965 年,《印刷通用汉字字形表》正式发布,对每个通用汉字的笔画数、结构、笔顺进行了明确的规定,消除了印刷体汉字字形的分歧,统一了手写体的字形,确立了通用汉字的规范标准。

1955 年,《第一批异体字整理表》公布,后经过调整实际淘汰一千多个异体字,这就减少了字数和汉字使用的分歧,为人们更加顺利地学习和使用汉字提供了帮助。

《简化字总表》《第一批异体字整理表》《印刷通用汉字字形表》等文献规定了现代汉语用字的标准,开启了现代汉字的时代,奠定了汉字规范化、标准化、现代化的基础,也大大有益于儿童语文学习、成人扫盲、教育普及、新闻出版等方面。

第二,拼音方案制定方面。

1958年,《全国人民代表大会关于汉语拼音方案的决议》的通过,使得全国统一的具有法律效力的《汉语拼音方案》正式形成,并且成为国际标准。该方案极大地有利于少数民族创制文字、拼写人名地名和科学术语、汉字教学和推广普通话等。

1977年,在希腊雅典举行的"联合国第三届地名标准化会议"宣布采用《汉语拼音方案》作为中国地名罗马字母拼写法的国际标准,并制定出《关于地名拼法的决议》。1982年,国际标准化组织发表国际标准ISO7098《文献工作——中文罗马字母拼写法》,规定拼写汉语以汉语拼音为国际标准。

第三,普通话推广方面。

由于政治、经济和文化发展的需要,各个地区和民族的交流比以前更加频繁,但是方言分歧成为交流中的一大障碍。新中国成立后,推广普通话被提到政治任务的重要位置上,成为20世纪50年代国家语言文字规划的一部分。

为规范普通话语音标准,中国科学院语言研究所成立了普通话审音委员会。1985年,《普通话异读词审音表》出台,成为选用异读词的标准。

20世纪50年代,以北方话为基础方言、以典范的现代白话文著作为语法规范的普通话概念得以明确,有利地促进了汉语的规范化,使得推广普通话更加有说服力。

同时,《标点符号用法》正式发布,指出了14种常用标点符号的正确用法。另外,全国绝大多数报刊改直排为横排。这些都奠定了现代汉语书面语印刷和书写的基础。

20世纪七八十年代,语言文字应用研究的发展为应用语言学学科的形成作了准备,但是中国的应用语言学作为独立学科的形成仍然较晚。在这一时期,一方面,社会上更加强调科学研究与现代化建设的结合,更加重视应用;另一方面,我国引进了国外应用语言学的先进成果,这些都为我国应用语言学学科的形成提供了帮助。1992年,《语言文字应用》杂志创刊,这标志着我国"应用语言学"独立成为一门学科。1995年,筹建"中国应用语言学学会"以来,主持召开了数次全国性的应用语言学学术研讨会,同时出版了数种应用语言学论著。近几年来,许多大学或学术机构开始招收语言学及应用语言学的研究生。

伴随着我国方言调查和少数民族语言调查的开展,语言学家们纷纷注意到了语言与文化、社会之间的关系,这也推动了文化语言学和社会语言学作为应用语言学的两个分支学科的发展。语言规划、对外汉语教学、计算语言学等作为应用语言学的另外几个重要分支学科也取得了突出的发展。这些都在说明中国应用语言学不断走向成熟的状态。

第二节 应用语言学的研究内容

一、国内外关于应用语言学的研究

(一)国外应用语言学的研究

国外应用语言学研究方向不断从语言教学扩大到计算机语言研究等领域。

1. 国外对研究范围的探讨

《朗曼应用语言学词典》(Longman Dictionary of Applied Linguistics)指出,应用语言学包括两个方面:一是第二语言教学与外语教学;二是语言学习和与语言学相关的应用。

国际应用语言学会认为,应用语言学是用来研究和解决有关语言和交际问题的交叉性领域,这是它和一般语言学的明显差异所在。解决的方案可以来自已有的语言学成果,也可以通过新创造出的语言学理论来制定。

施密特(Schmitt)强调,应用语言学是有目的的一种研究,可以解决实际生活中的某些语言问题。

彭尼库克(Pennycook)指出,应用语言学是一种半自足和交叉性的学科,它研究职业环境中的翻译、语言运用、语言教育等问题,与大部分社会科学有着密切的关联。

卡普兰(Kaplan)曾经认为,因为应用语言学解决的是现实生活中的语言问题,而现实生活是多维度、多层面的,因此,应用语言学家应该具备多个领域的知识,包括大多数人文领域、社会科学领域、教育领域、政治领域和经济领域等。要解决的语言问题看似都是和语言有关,实际上是有着很大区别的,因此无法用一种方法来解决这些不同的问题。毋庸置疑,应用语言学家除了应该无限制地拓宽自己的社会视野之外,还应该具备用计算机统计分析数据的能力。

国际应用语言学大会反映着应用语言学研究的趋势和走向。国外应用语言学的研究范围从1964年的两个领域(外语教学和机器翻译)扩大到1987年的19个领域,到1999年进一步扩大。

2. 国外对研究理论的探讨

既然应用语言学是一门交叉学科,那么就需要运用与之交叉的学科理论,大致包含如下几种。

(1)行为主义理论

行为主义作为世界心理学中的一个主要流派,曾经在20世纪上半叶广泛地被语言教学所采用,对教育领域产生了很大的影响。它的基本观点包括以下几种。

第一,人们在生活交际中形成一定的语言习惯,这就是语言学习。

第二,语言学习要优先满足听说。

第九章　应用语言学理论指导下的英语教学研究

第三,语言学习就是在外部刺激下,做出一定的语言反应。

第四,语言学习的重要方法是归纳法。

第五,语言学习是一种循序渐进的过程,必须由易到难。

（2）对比分析理论

对比分析理论是在行为主义的基础上发展起来的一种语言学理论,兴起于20世纪50年代。该理论提出了"正迁移"和"负迁移"的说法,前者是第一语言对第二语言学习所起的促进作用,后者是第一语言对第二语言学习所起的阻碍作用。拉多同时强调,当两种语言的差异越大,干扰越大,学习就越困难。在20世纪70年代初期,对比分析遭到了强烈的抨击。实际上,学生所犯的语言错误有着多种原因,可能是自身因素,也可能是语言结构本身的复杂性,也可能是母语和外语的差异,因此不能将犯错的原因单一化,只归为母语干扰这方面,这就是对比分析的主要局限。但是,对比分析理论仍然可以协助学生预测在语言学习中的困难及错误。

（3）偏误分析理论

基于对比分析理论的局限性,二语习得过程中学习者所犯的全部错误无法被预测出来,因此这才给偏误分析理论提供了生长空间。

语言偏误产生的原因有以下几种。

第一,教学。

第二,文化干扰。

第三,交际策略。

第四,语内干扰。

第五,语间干扰。

错误分析发展、完善了对比分析理论,作为探讨学习过程的捷径,被认为是第二代应用语言学研究中的新成果。

3. 国外对研究方法的探讨

（1）定性研究和定量研究

任何一门学科的研究方法都可以分为"定性研究"和"定量研究"，应用语言学当然也不例外。① 定性研究和定量研究这两种方法各有特色，并不冲突。定性方法的目标是词语，定量方法的目标是数字。只是不同的语言学分支对研究方法的使用是有所侧重的，理论语言学较侧重于定性的方法，而心理语言学、计算语言学较侧重于定量的方法。

定性研究与定量研究的区别主要有四点。

第一，定性研究强调自然观察，定量研究强调通过实验方法去观察。

第二，定性研究强调活动者的立场和经验，定量研究注重逻辑推断这种手段的使用。

第三，定性研究主要采取归纳法，而定量研究主要采取演绎法。

第四，定性研究主张采取综合法，而定量研究则主张分析法。

（2）实验法

实验与定性定量都有关系，定性研究是通过数据确定性质，定量研究是通过实验确定数据。实验法具有以下几种特质。

第一，逻辑性。实验方法所执行的程序是一步一步地进行，一环接一环地展开，每一环和下一环都有逻辑关系。形成一种直截了当的、逻辑性强的形式。研究者可以使用逻辑来检查所概括的外部效度。研究效度的逻辑是我们决策的重要工具。

第二，重复性和传递性。实验是可以重复进行的，因为实验的设计、数据的收集、统计和分析都可以重复操作。另外，一项研究的结果可以用来进行另一项研究。

第三，系统性。实验方法的程序必须很严密，这样便于操作和检查，克服研究者自身因素或其他外部因素对研究结果所造成

---

① 孟悦. 目前我国应用语言学研究方法的调查与分析[J]. 现代外语，1993（1）：1.

第九章 应用语言学理论指导下的英语教学研究

的影响,否则实验的效度就会受到影响。

第四,经验性。实验方法从现实世界收集数据,每一种数据都表示为一些可捉摸的数字,一些语言数据的描写方法也属于经验性的研究。

第五,简约性。当研究者分析数据时,就会将复杂的个别事件简化为可理解的概念,进而以牺牲特殊性为代价得到了事物间的普遍性规律。

(3)统计法与实验法

有着密切关联性的另一种方法就是统计法。统计方法有两个分支,一是推断统计方法,二是归纳统计方法。前者是根据对一小部分数据的观察来概括它所代表的总体的特征,后者是通过有关的量度来描写和归纳数据。科学实验都是为了概括更多的事实,故需要用推断统计方法。

(二)国内应用语言学的研究

1. 国内对研究范围的探讨

对于应用语言学的研究范围,语言学界存在很多观点,但是基本方向是相同的,不同的是对应用领域的多少的见解。

应用语言学是从国外引入中国的,这个贡献应该属于学者桂诗春。他认为应用语言学就是有关理论在外语教学中的应用。这是一种狭义的应用语言学观。随着研究的深入进行,人们对应用语言学有了更多的认识。当然,应用领域不断增多,应用语言学的研究范围也不断在扩大,广义的研究范围也被越来越多的人所接受。

王宗炎认为,狭义的应用语言学研究范围是语言教学,确切地说是外语教学;广义的应用语言学研究范围是在实际问题中的语言研究。

贾冠杰也将应用语言学分为广义和狭义两种,狭义的应用语言学单指将语言学成果用于语言教学领域,广义的应用语言学包括语言学的所有可应用领域。

《中国大百科全书·语言文字》卷的"应用语言学"条目显示，应用语言学是研究语言在各个领域中实际应用的学科，分为一般应用语言学和机器应用语言学。

2. 国内对研究理论的探讨

（1）理论的价值

关于以科德为代表的一些语言学家认为，应用语言学是一种把理论研究的成果加以运用的活动，不是理论研究，不创造理论。这种观点曾经一度成为语言学界的主流观点，但是这是一种不科学的观点。戚雨村认为，应用语言学无理论可言的观点，是把理论语言学和应用语言学的关系与纯自然科学和应用技术的关系相类比的结果，这样，应用语言学就只能取得与应用技术相同的地位。事实上，理论语言学不可能对语言实践中提出的问题一一加以解决。

应用语言学最大的特点是应用，但在应用的过程中仍然会形成自己的理论。语言文字应用研究包括理论和应用两个端点，它们是相互联系的。李宇明就明确指出了应用语言学的理论研究的重要价值，其观点如下。

第一，语言文字应用涉及多个学科的知识，影响着所有人的语言生活质量。缺少了理论的指导，语言文字应用就无法上升到一定的高度。

第二，语言文字应用研究要想利用基础研究成果，必须借助理论对这些成果进行应用性改造。

第三，语言文字应用研究一方面需要理论作为指导，同时也验证、修正了理论，并且还有可能产生新的语言理论。21世纪下半叶产生的新语言理论中，有一大部分是源自语言文字应用研究。

由于应用语言学的研究范围在不断地延伸，这就导致了研究范围的扩大与研究理论的不足之间的矛盾。为此，发展应用语言学理论体系是必要之举。语言研究在原有的教学范围内还没有

第九章　应用语言学理论指导下的英语教学研究

达到目的,社会的变化又对语言研究提出了新的要求,语言研究只有马不停蹄地追赶社会的需要。在这个过程中,学者们渐渐意识到原有的语言学理论有很大的进步空间。理论研究没跟上来,应用的成果必定受限。因此,应用语言学也应该重视自己的理论体系的建设。

（2）发展理论的方法与手段

研究理论不只是理论的应用,主要是发展理论。从上述内容可知,应用语言学需要建设自己的理论体系,现在就剩下建设理论的方法的问题了。语言应用的理论并不限于单方面的一些原理和结论。想要建设自己的理论体系,应用语言学除利用语言学理论外,还应用心理学、社会学、人类学、文学、信息论等相关学科知识,并通过实践去验证、修正这些理论。语言应用研究应包括语言应用的语言研究和语言应用的非语言研究。为应用所进行的语言研究,不仅要研究语言系统内的构成规律,还要研究其语言形式启用形成的语言外规律。

应用语言学在发展自己理论时要引进国外的先进经验,在发展初期也的确是这么做的,但更为重要的是要从活生生的语言实践中总结理论。这就是"理论来自实践"的道理。借鉴是需要的,但是也不能完全照搬过来,毕竟现实的情况跟古人、外国人的情况不同,我们要将借鉴来的先进成果本土化、实际化,从而检验、修正别人和自己的理论。

（3）主要理论

人们从否认应用语言学的理论研究,到承认应用语言学有理论,经历了漫长的过程。基本理论包括以下几种。

第一,交际理论。交际理论认为,语言的本质就是交际,没有交际就没有语言。交际理论的研究目标是为了语言交际而研究语言。

第二,动态理论。从时间和空间的角度看,语言都是动态的。语言的生命在于运用,只有在运用中才有存在的价值。

第三,中介理论。基于认知心理学发展起来的中介理论,可以用来分析学生在二语学习过程中的错误。

第四,潜显理论。潜性是隐藏在深层的状态,显性是显现在表层的状态。潜显理论认为,语言就是从显性到潜性、从潜性到显性的转变。潜性语言给予语言自我调节功能。

第五,层次理论。人的分层导致交际的分层,进而导致语言的分层。层次理论渗透在语言研究的各个方面。

第六,人文性理论。语言都是被置于文化背景中来研究的,无法离开文化谈语言。语言是文化的一部分。语言的人文性是指语言在应用和发展中表现出的文化特性。

3. 国内对研究方法的探讨

自学科独立以来,我国应用语言学研究方法经历了两个阶段,以1999年为分水岭,前面是起步阶段,后面是发展阶段。目前来看,我国应用语言学研究方法的总体水平偏低,有很大的改进空间。应用语言学方法论建设是理论建设的一个重要的方面。

①研究应用语言学方法论的思路。于根元提出了研究应用语言学方法论的几种思路。

第一,要研究应用语言学的方法,还需要研究与它有关联的一些事物,如哲学思想方法、学术研究方法、语言学研究的特殊方法。

第二,要研究如何发展方法,首先必须研究哪些因素制约方法。

第三,理清从应用语言学基础理论到技术理论到方法论的脉络。

第四,要大致了解应用语言学方法的历史。

研究方法的立足点是语言的丰富、发展。研究方法要重视实践中的新问题、第一手材料、个案、不同意见。我们要重视研究方法的创造性。语言研究的方法还具有灵活性、多样性。语言研究要纵横交错,突破历时和共时的严格限制。

②应用语言学主要研究方法。

第一,比较法。通过比较研究,会逐渐认清语言及语言理论

第九章 应用语言学理论指导下的英语教学研究

在各个领域的应用状况。关于比较法,有以下几点需要明确。

比较法可以分为两大类:一是事实比较,是事实上的概括,具有明显的描写性;二是理论性的比较,是普遍原理在具体语言中的可行性的比较。将不同的语言放在一起进行比较研究的方法主要有两种:一是历史比较法,只能用于有亲缘关系的语言之间,在于揭示语言之间的谱系关系;二是对比分析法,可用于任何语言之间,在于揭示语言之间的异同关系。

语言研究的基本方法是比较法。其他的方法都是由比较法衍生出来的,只是各自具备了特殊性而已。

要避免无效比较和低效比较。无效比较是指事物比较之后不能说明问题,不能得出所需要的结论,这可能是由于用来比较的那一部分不具备可比性。低效比较是指事物具备可比性,但比较者并没有比较到那些可比的部分或者只是进行了表层上的比较,作用甚微。

运用比较的研究方法,首先要确定比较的范围,然后基于比较的目的选择比较的基点。

第二,社会调查法。语言应用的过程会产生许多现象,对这些现象进行社会调查可以了解语言使用者的见解。通过调查获得的数据,可以帮助我们分析语言现象,也比较可靠和科学。社会调查可以在小范围内进行,也可以在大范围内进行,也可以抽样调查。

收集材料主要有三种方法:问卷法、访谈法、观察法。

问卷法是用书面形式进行社会调查的一种方法,适用于大规模的摸底调查。

访谈法是由调查人员与被调查者进行面对面谈话的方法。访谈法分为个别访谈法和集体访谈法两种方式。

观察法是研究人员通过直接观察研究对象的语言行为的方法。观察法可以分为隐蔽观察法和参与观察法。

第三,统计分析法。统计是一种定量研究方法。前面已经对定量研究和定性研究做过论述,此处就不再赘述。统计的主要形式是抽样统计,包括定额抽样、滚雪球抽样、特别个案三种。另一个与统计相关的概念是概率。在概率的统计里不可忽略个案,个案有时几乎要占定量分析的一半,个案里面要有它的特殊性,个案对规律的总结有积极的意义。没有将个别点、特殊点搜集全面,结论就具有很大的局限性。

第四,实验法。实验方法是指研究者基于研究目的,利用科学设备,在人为控制各种干扰的条件下,对研究对象进行观察的方法。应用语言学强调所使用的方法要受到实践的检验。

实验是科学研究经常使用的方法。实验包括很多环节,如形成假设、提出实验任务;排除实验中的干扰因素,可利用的手段和工具;确定实验的步骤;预测实验可能得到的结果。

应用语言学各部门的研究都离不开人的语言活动,而语言活动又非常复杂,因此应用语言学在使用实验方法时要注意对各种变量的控制。实验目的要首先确定下来。

第五,预测法。在语言应用研究中,当调查或研究进行到一定程度时,可以根据调查得到的一些结论进行预测。社会发展的快节奏,使得预测法在应用语言学研究中有了一席之地。

语言预测大致有五个途径:占位的途径,合乎条件的互补的途径,对外来词语进行改造的途径,类推仿造的途径,类似元素周期表的途径。

第六,语料库法。语料库语言学作为信息技术的发展成果之一,是借助计算机语科库及检索统计软件进行语言研究。相对于传统的语言研究,应用语料库的研究方法有以下两种特色。

由于语料库为语言研究提供了量化语料和语言特征的统计数据,基于此对语言进行定性描述也就更加客观、科学,并且消除了研究人员主观因素带来的偏差。

借助这种先进的技术手段,我们在宏观考察和微观探究语言特征时就更加高效。

第九章　应用语言学理论指导下的英语教学研究

二、应用语言学的研究方法

近四十年,应用语言学的研究方法经历了萌芽阶段、起步阶段和发展阶段。

（一）萌芽阶段

我国应用语言学研究实证法出现的萌芽阶段的起止时间大概是 1978 年至 1987 年。在此阶段的研究成果中,90% 以上是非量化研究,量化研究占据很小一部分,这就表明此时我国研究最主要的特点是重理论,严重缺乏以一手数据为论据的实证研究。虽然实证法与非实证法的研究成果数量悬殊,但量化研究成果的存在说明我国研究开始出现数据分析的实证研究的萌芽。由于实证法传入我国的时间比较短,所以研究者还不太了解实证法,也不太会运用这种方法。研究者需要在学习和运用实证方法的过程中,不断熟练地掌握它。

（二）起步阶段

实证法和非实证法的使用开始缩小的发展阶段大致是从 1988 年到 2000 年。相比上一个十年,量化法的使用比例翻了一倍。这一阶段,我国学科建设的重点方面有所转变,因此量化研究大大增多。此时,研究者们开始探索质化法的使用,这体现了质化法地位的提升。研究方法使用的不平衡性非常明显,量化研究占据很大的比例,而质化研究才刚开始起步。可见,人们还没有完全了解量化研究法和质化研究法的特点。量化研究法用数据说话,容易给人留下客观可信的印象。而由于质化研究法注重个人经验,以叙述来呈现数据,因此人们误以为这种方法是不可靠的。实际上,这是一种误读。

(三)发展阶段

我国实证法的使用取得迅猛发展的阶段大概是从 2001 年至 2016 年。和前两个阶段相比,这一阶段使用实证法进行研究的比例有了明显的增多,足以体现我国应用语言学的研究方法已经从非实证法转变为实证法。另外,量化研究和质化研究也都有了很大的增长。量化研究仍然多于质化研究,研究方法使用的不平衡性虽然有所消减,但是仍然存在。虽然这一阶段的成果颇丰,但是研究的深度有待进一步的拓展,造成这一局面的原因可能有多种,可能是研究者误读了数据,也可能是研究者对实验环节一知半解。因此,研究者要加强对研究方法的科学认识,提高研究方法使用的科学性。

第三节 应用语言学理论指导下的英语教学策略

一、应用语言学与语言教学的关系

语言教学实际上属于应用语言学的一个范畴,因此应用语言学与语言教学密切相关。对于教师来说,掌握一定的应用语言学知识,有助于他们对语言的本质进行了解与把握,从而有助于更好地展开语言教学。简单来讲,应用语言学应该成为语言教师的一项基本知识。

有人指出,语言教师需要掌握很多语言知识,因此没必要掌握应用语言学的知识,他们应该投入更多精力在语言教学方法上。这一观点是明显错误的,教师之所以需要掌握这些知识,也是为了更好地了解语言的机制,从而展开有效的教学。

对于语言教师来说,他们不应该仅仅单纯地向学生讲授语音、词汇这些体系,而应该将完整的语言呈现给学生,同时要让学生对真实的语言进行深层次的了解。这时候,教师就需要应用语言学的参与,即从中获取更多知识,对其进行消化与吸收,从而展现更有效的英语课堂。

另外,语言教师还需要明确应用语言学流派的广泛性,不同流派之间存在争议,而且很可能会被其他流派替代。因此,教师的任务并不是让自己成为一名优秀的应用语言学家,而是能够从中获取有益的成分,探寻适合自己的教学法。

二、应用语言学理论指导下的英语教学的具体策略

在应用语言学中,实用性是其重要的特点,也是其追寻的目标。因此,在应用语言学理论指导下开展英语教学,应该采用多种方式将学生的积极性调动起来,使他们乐于学习、愿意学习。因此,下面就选取一些内容展开分析。

(一)应用语言学理论指导下的英语口语教学

为了保证顺利开展英语口语教学,教师有必要采用一定的教学方法和策略。随着大学英语教学不断的发展和改革,口语教学更加倾向于实际应用的范畴。下面重点介绍应用语言学理论指导下的英语口语教学。

1. 交际教学法

应用语言学家认为,交际理论是其最基本并占有总纲地位的理论。而交际性教学是以应用语言学中的社会语言学为理论基础的,其主要的目的是为了培养学生的实际交际能力。

交际教学法诞生于20世纪80年代,其以交际能力的培养为目标,更加注重语言的实际运用,旨在提高语言交际的质量。交际教学法认为,英语教学的根本目的就是培养学生的交际能力,因此,各种语言知识与技能的学习与训练都必须为交际能力服务。交际教学法打破了传统教学教师"一言堂"的教学模式,教师不再是教学的"主角",学生也不再是被动的"观众"。在交际

教学中,教师要发挥自身主导作用,尊重学生的主体地位,合理安排课堂活动,将学生置于真实的语言环境中,帮助学生开展各种交际活动。

在口语教学中,交际教学法是一种行之有效的方式,课堂口语训练的内容有很多,如语音训练、会话技巧、交际技巧等,无论哪种训练,其核心内容都是语音的功能。

2. 文化教学法

应用语言学的人文性理论要求将语言与文化密切结合。因此,在进行英语口语教学的过程中也需要融入文化。

英汉文化差异对口语交际有着很大的影响,因此,在英语口语教学中,教师应加入中国文化元素与西方文化元素的对比,呈现中西方文化之间的差异。以饮食文化为例,西方人宴请客人时多考虑客人的口味、爱好,菜肴通常经济实惠。中国人为了表示热情好客,在请客时通常准备多道菜肴,而且讲究菜色搭配。引导学生进行文化对比,不仅能提高学生的文化适应性,也能减少汉语思维的负面影响,进而提高学生的跨文化交际能力。

3. 情境教学法

应用语言学是将语言置于应用的范畴,那么就必然离不开语言环境。而情境教学法就是在这一理论的指导下开展口语教学,即创设真实的情境,让学生在真实环境下学习口语。具体而言,教师可以通过角色表演和配音两种活动来创设情境,锻炼学生的口语能力。

(1)角色表演

教师可以根据教学内容让学生进行角色扮演,将主动权交给学生,让学生自主分工、自行排练,然后进行表演。这种方式深受学生喜爱,不仅能缓解机械、沉闷的教学环境,还能激发学生说的兴趣,让学生在真实的社会场景中进行社交活动,锻炼口语能力。当学生表演结束后,教师不要急于评价学生,应先给学生一些建

第九章　应用语言学理论指导下的英语教学研究

议,然后再进行点评和总结。

（2）配音

配音是一种有效锻炼学生口语能力的方式,教师可以充分利用配音活动来提高学生的口语水平。具体而言,教师可以选取一部英文电影的片段,先让学生听一遍原声对白,同时向学生讲解其中的一些难点,然后让学生再听两遍并记住台词,最后将电影调至无声,让学生进行配音。这种方式可有效激发学生开口说的积极性,而且能让学生欣赏影片的同时锻炼口语能力。

（二）应用语言学理论指导下的英语阅读教学

教学方式是否得当,是教学能否顺利展开的重要保障。当然,这在阅读教学中也不例外。所谓得当,就是要求其与学生的实际相符合。当然,将应用语言学运用到英语阅读教学中,就是为了保证英语阅读教学的恰当性。下面通过几种方式展开分析。

1. 提问教学法

所谓提问教学法,主要是从篇章与段落来讲的。这与阅读教学的层层设问有着异曲同工之妙。提问教学法要求从教学目标与材料出发考虑,用不同方式展开提问。

应用语言学的层次理论指出,语言是分层的,层次不同,人们的要求也必然存在差异。对于英语阅读理解而言,其语言的难易程度也必然存在差异。对于一些高层次的理解,需要教师的辅助,而提问教学法是一种对学生理解篇章加以引导的有效方式。

在具体的操作中,教师应该把握好问题的难易程度。当然,由于题材与体裁的不同,所采用的提问形式也必然不同,具体来说,有如下几种提问形式。

（1）对于细节信息的提问。例如:

According to the passage, which of the following is not a statement？

Choose the right order of the events given in the passage.

（2）对于作者观点的提问。例如：

The author believes that ……．

The authors attitude toward this topic is ……．

（3）对于主旨的提问。例如：

This article is mainly about……．

The authors purpose in writing this text……．

（4）有关信息归类的提问。例如：

We can summarize the main idea that ……

The conclusion of the text is ……

（5）对于推断的提问。例如：

The author suggests that ……．

It can be inferred from the text that ……．

学生对这些提问方式熟悉，就有助于理解语篇，对题目的类型加以判断，从而提升做题的效率和速度。

2. 策略教学法

学习者要想深刻地理解语篇，就必须要积极思考、主动理解，而不是被动地接受信息。因此，大学英语阅读教学中，教师应该努力培养学生的认知策略。我们在这里将其归纳为读前、读中、读后三个阶段。下面对这三个阶段进行重点论述。

读前阶段是信息导入阶段。在这一阶段，要发挥出图式在阅读之前的预测功能。教师可以组织学生参加一些讨论、预测或者头脑风暴等活动，从而将学生头脑中的图式激发出来。在这一阶段，通过自上而下的阅读，学生头脑中的先验知识与文本相结合，从而将学生的图式激活与构建，为学生进一步的阅读埋下伏笔。

读中阶段是文化渗透阶段。在这一阶段，要发挥出图式的信息处理功能。学生们根据自上而下的模式来探究文章的整体思路。一些新的文化知识可以通过自上而下的阅读模式获得，从而构建内容图式与阅读技巧。在读中阶段，略读、细读等都是比较好的策略。

第九章　应用语言学理论指导下的英语教学研究

读后阶段是文化拓展阶段。在这一阶段,要发挥出图式的记忆组织功能。教师可以通过各种活动对学生的新图式加以巩固,如辩论、角色扮演、讨论等。图式理论指出学生存储在大脑中的图式越丰富,学生的预测能力就越强。因此,课外阅读是非常重要的。

（1）读前策略

头脑风暴法。在英语阅读中,头脑风暴法常被用于导入环节。学生通过这一方法可以展开丰富的联想,从而刺激头脑中形成新的图式。因此,教师在文化导入过程中要考虑话题的需要,为学生创设合理的头脑风暴,让学生更好地融入课堂之中。例如,在讲解与音乐相关的内容时,教师可以对音乐类型进行头脑风暴,从而让学生们想象到 Rap、folk music 等类型。也可以让学生对比中西方音乐的不同,从而引起学生学习的兴趣并提高积极性。

预测与讨论。在阅读之前运用图式理论时,教师应该发挥学生推理的能力。学生通过对文本材料进行解读与推理,从而刺激自身的图式。例如,还是以音乐为例,教师在讲授门基乐队成立的情况时,可以提出 5W,从而帮助学生更好地预测文本信息,之后鼓励学生通过讨论预测具体的文本内容。

运用多媒体资料。在文化导入阶段,教师应该善于运用多媒体资料,从而让学生更好地体验文化教学的特色。通过多媒体,学生可以更直观地感受语言知识,了解中西方语言文化的差异,刺激学生的图式,让学生在激活自身图式的基础上进行下一步内容图式的拓展。

（2）读中策略

在读中阶段,教师可以在这一阶段进行文化知识的渗透,进一步对学生的内容图式加以丰富,从而让学生更好地展开阅读。在阅读教学中,教师采用扫描、略读等策略帮助学生构建灵活的图式,促进学生激发头脑中与之相关的图式,从而便于学生更好地理解文章。在细读阶段,教师要帮助学生挖掘与语篇相关的文化内涵,扫除他们在正式阅读中的障碍。

首先,可以通过略读和扫描法,让学生大致了解文章的大意,从而获得对文章的总体信息与思路,这是帮助学生建构相关内容图式的有效路径。扫描法是学生根据教师的指令,能够在文章中找到特定的信息。

其次,可以通过细读,根据上下文,让学生明确每一个单词的含义,尤其是那些具有文化内涵的词汇,从而丰富学生的内容图式。

具体来说,可以通过如下几种方法。

精读。精读是逐字逐句深入钻研、咬文嚼字的一种阅读。精读训练的基本要求:对读物从整体到部分,从部分到整体,从形式到内容,从内容到形式的反复思考深入理解;对于阅读材料中的关键词语或句子,要仔细推敲琢磨,不仅要理解其表层的意义,而且要深入领会其言外之意,画外之象;养成边阅读边思考、边阅读边做笔记的习惯,因为只有真正独立思考的主动阅读活动,才是有效的阅读活动。为了提高精读训练的有效性,教师在精读训练过程中,要提示精读的步骤和方法,给予适当的引导,使学习者逐步练习,直到完全掌握精读技能,形成熟练的技巧与习惯。精度训练可以有不同的步骤,各有侧重。具有代表性的精读步骤有以下几种。三步阅读法:认读→理解→鉴赏。五步阅读法:纵览→发问→阅读→记忆→复习。六步自读法:认读→辨体→审题→问答→质疑→评析。在实施阅读训练的过程中,无论哪一个步骤或环节都需要运用良好的、合适的阅读方法才能保证精读的顺利完成。实际上,精读没有固定不变的步骤和方法,每个教师都可以根据自己的经验和学习者的情况提出训练方案,同时鼓励学习者在实际阅读和训练中,总结出符合个人阅读情况的步骤和方法。

略读。略读是指粗知文本大意的一种阅读,是一种相对于精读而言的阅读方式。略读对文章的阅读理解要求较低,略读的特点是"提纲挈领"。它的优势在于快速捕捉信息,在于发挥人的知觉思维的作用,一般与精读训练总是交叉进行的。略读训练指导应注意:第一,加强注意力的培养,提高在大量的文字信息中捕

第九章 应用语言学理论指导下的英语教学研究

捉必要信息的能力,纠正漫不经心的阅读习惯。第二,加强拓宽视觉范围、提高扫视速度的训练。第三,着重训练阅读后,用简练的语句迅速归纳材料的总体内容或概括中心意思的能力。第四,注意教给学习者如何利用书目优选阅读书籍,利用序目了解读物全貌,如何寻找和利用参考书解决疑问,以及略读中如何根据不同文体抓略读要点等。

速读。速读是指在有限的时间里,迅速抓住阅读要点和中心,或按要求捕捉读物中某一内容的一种阅读方式。速读的基本要求:使用默读的方式;扩大视觉范围,目光以词语、句子或行、段为单位移动,改变逐字逐句视读的习惯;高度集中注意力进行阅读的习惯;每读一遍都有明确的阅读目标的习惯;减少回读;从顺次阅读进入跳读。速读方法的训练主要有:一是提问法,读前报出问题,限时阅读后,按问题检查效果。二是记要法,边读边记中心句、内容要点或主要人物和事件等,读后写出提要。三是跳读法,速读中迅速跳过已知的或次要的部分,迅速选取与阅读目的相符的内容,着重阅读未知的、主要的或有疑问的地方。四是猜读法,即根据上文猜测下文的意思,或根据下文猜上文的意思,能迅速猜测出意思的,就不必刻意去读。当然,速读训练应注意根据学习者的阅读基础和读物的难度来规定速度的要求。

(3)读后策略

在读后阶段,主要是充分发挥学生头脑中的记忆功能。一般来说,读后的文化拓展的方法主要有如下几种。

第一种是辩论。教师可以针对文本材料中的相关内容,选取一些视角展开辩论,学生在辩论中对与文本相关的内容图式加以巩固。同时,通过辩论,学生也可以更好地理解文本的文化内涵与文化背景知识。

第二种是角色扮演。学生通过学习与文本相关的文化知识,从而丰富自身的文化内容。然后,学生带着角色有目的地重新阅读文本,教师引导学生对文本进行改变或者情景模拟,从而激发学生学习的兴趣和积极性,提高他们在真实语境下对文本综合运用的能力。

第三种是总结性写作。这一方式有助于学生加深对文本的理解,让学生将文化知识从短时记忆转向长时记忆。

第四种是课外阅读。除了课后巩固之外,教师还应该鼓励学生展开课外阅读。通过大量的课外阅读,学生可以提高学习的自主性,而且还能在阅读中不断丰富自身的内容图式。

第十章 系统功能语言学理论指导下的英语教学研究

英国著名语言学家韩礼德(M.A.Halliday)从社会学的角度出发,用功能方法来研究语言,建立并发展了20世纪最具影响力的语言学理论——系统功能语言学。这一语言学理论不仅研究语言的性质、语言的共同特点和语言的过程,而且研究语言学的应用问题。系统功能语言学理论的影响巨大,已经延伸至与语言学相关的各个领域,如语言教学、文体学、社会语言学等。其中,在语言学教学领域,系统功能语言学理论发挥着显著作用,其对提高语言教学的效率发挥着重要指导作用。在教学改革背景下,大学英语教学应引入系统功能语言学理论,以此来指导英语教学更好地改革与发展。

第一节 系统功能理论与系统功能语言学

一、系统功能理论

系统功能理论是在不断的摸索中形成与完善的。下面就分析韩礼德(Halliday)在不同时期对系统功能理论的发展与完善。

(一)阶与范畴语法

韩礼德的学术活动是从对汉语进行研究开始的,其中最著名的代表作就是博士论文《"元朝秘史"汉译本的语言》和论文《现代汉语语法范畴》。到 20 世纪 60 年代,韩礼德将研究重点从汉语转向英语,目的是对普通语言学的描写模式加以构建。这可以从他的《语法理论范畴》一文中得到体现,在这篇文章中,韩礼德将语法描写划分为两大层次:"范畴"与"阶",这两大层次对语言学影响深远。

1. 语言(学)层次

伦敦学派认为,应该从语言的各个层次对语言事实加以说明,层次不同,描写的过程也应存在差异。伦敦学派提出三大层次,即实体、形式、语境。其中,实体涉及声音的与书面的;形式借助词汇与语法将实体进行组织、形成意义;语境是形式与非语篇特征之间存在的关系。三大层次如图 10-1 所示。

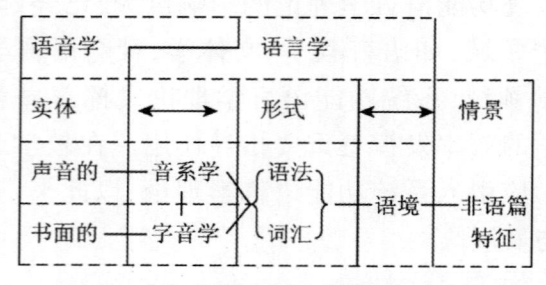

图 10-1　语言的三个层次关系图

(资料来源:胡壮麟,朱永生,张德禄,李站子,2008)

2. 范畴

对于范畴,韩礼德重新划分,即划分为四类:"单位""类""结构"和"系统"。语言就是通过这四类来对语法形式加以说明的,具有抽象性。这四类相互关联,无主次之分。单位是对语言中具有语法模式的语段加以说明,在语言中某些语段表现出有意义的规律性特征。语段有大小之分,这种大小与形式相关。在英语中,韩礼德划分了五个单位,即句、小句、短语或词组、词、词素。单位的特征之一就是对一定的模式加以呈现,从语言活动来说,模式的本质在于重复性与直线性。

在语法中,用于对连续情况下的事件之间的相似范畴加以说明的现象就称为结构。表面上,结构是由文字呈线性形式组成的,但是组成成分之间的形式关系属于顺序,而不是所谓的序列。例如:

顺序　　We　　　　　go　　　　　up
　　　　S　　　　　P　　　　　A
　　　（主语）　　（谓语）　　（状语）

序列 $\begin{cases} We（S） & go（P） & up（A） \\ Up（A） & we（S） & go（P） \end{cases}$

不难发现,结构是成分在位置层面的有序排列。

"类"是根据上层单位的形式进行确定的。也就是说,其必须结合上一级单位的结构情况来呈现。

系统这一范畴是为了说明一系列相似项目中为何会出现这一项目,而不是出现其他项目。

3. 阶

上述四类范畴以及彼此之间的关系涉及三个"阶",即"级"(rank),"说明"(exponence)和"精密度"(delicacy)。

"级"的含义是"包括",等同于等级体系,具体指的是沿着单一的方向,从高层次移动到低层次。下面来看英语中五个单位的等级关系,如图10-2所示。

$$\updownarrow \begin{cases} 句 \\ 小句 \\ 词组/短语 \\ 词 \\ 语素 \end{cases}$$

图10-2　英语中五个单位的等级关系图

(资料来源:胡壮麟,朱永生,张德禄,李站子,2008)

图10-2说明"阶"将一些高度抽象的范畴与语言资料相关

联。从每一个范畴与语言材料之间存在的关系考虑,可以将"阶"划分为如图10-3中的四个类型。

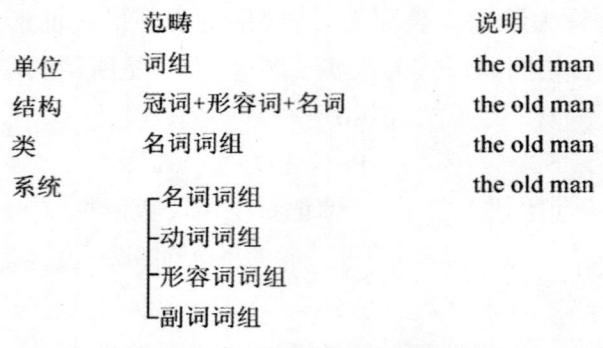

	范畴	说明
单位	词组	the old man
结构	冠词+形容词+名词	the old man
类	名词词组	the old man
系统	┌名词词组 ├动词词组 ├形容词词组 └副词词组	the old man

图 10-3 说明"阶"的类型

(资料来源:胡壮麟,朱永生,张德禄,李站子,2008)

需要指出的是,有时候从范畴到语言材料可以通过其他范畴展现,即一个范畴可以通过其他范畴来加以说明。

(二)系统理论

1966年,韩礼德在《深层语法札记》中提出了语言的深层应当是可以进行语义选择系统的观点,即深层语法应当是系统语法。

1. 对系统理论的第一次修正

根据伦敦学派的传统系统理论,特征是"无序"的,但韩礼德认为采用"精密度阶"理论可以使部分特征呈现有序化。在系统描写过程中,如果一系列系统中的某一系统在另外一个系统中出现,那么这两个系统就属于等级关系,如果两个系统呈现等级次序,那么这些系统的特征也必然是有序的。

在一定环境下,任何系统集都可能形成一个系统网络,其中的一个系统必然会与另外一个系统或者另外几个系统形成等级关系,如图10-4所示的英语小句的系统网络。

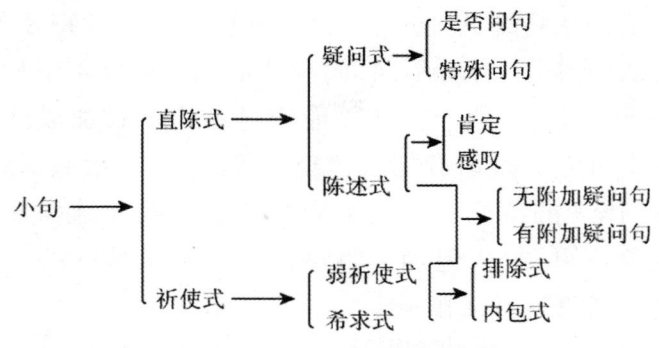

第十章　系统功能语言学理论指导下的英语教学研究

图 10-4　英语小句的系统网络图

（资料来源：胡壮麟，朱永生，张德禄，李站子，2008）

图 10-4 中的系统网络起点受到组合关系的影响和规定，所有特征都与环境有着密切关系，但同时系统网络又可以为每一个特征提供聚合环境，对其对比特征与结合的情况加以规定。因此，可以这样下一个结论：系统描写与结构描写之间是补充的关系，一个是对聚合关系加以侧重，一个是对组合关系加以侧重。

2. 对系统理论的第二次修正

基于上述论调，韩礼德又提出了系统描写能否成为表述的底层形式这一问题。也就是说，结构描写能够从系统描写中衍生出来，如果是可以衍生的，那么就意味着我们能够预见结构。

将一个语言项目的系统描写视作该项目的底层语言表达，即表示这一项目与其他项目的聚合关系有着更为基本的特征，从而可以将内部结构衍生出来。这样底层语法就是以系统特征表达的语义显著的语法，其可以为更多的语言项目提供聚合环境，并在其他对比环境中相互产生和利用。这样，系统的起始点就不在于结构，而在于对系统特征的集中展现。

3. 对系统理论的第三次修正

在韩礼德看来，在对深层语法与系统语法进行研究时，还需要将音系层考虑进去，尤其是语调与韵律这两大层面。这是因为音系层也是语法特征的体现。在组合表达中,这种特征被视作组合体上的结构成分。环境不同,同一特征也会存在不一样的体现,如在有些环境中,同一个特征可能通过结构形式加以体现,在另外的环境中可能通过语调加以体现。可见,某一语调形式在不同的环境中,体现的特征也有所不同。这就说明在结构环境中,语调这一现象不可预见,但如果将语调视作系统特征的一部分,那么语调这一现象就可以预见。

(三)功能理论

在对系统理论进行研究的同时,韩礼德也开始研究功能描写理论,下面就对功能理论展开分析。

1. 系统与功能

之所以对功能描写理论加以研究,主要是因为韩礼德想探索系统网络中存在哪些系统,并且每一个系统的起始点在哪里。由于韩礼德最初是通过系统语法对语言的组合关系与聚合关系加以说明的,因此功能描写理论也需要对语法单位加以研究,尤其是对小句的功能描写加以研究。在韩礼德看来,从完整的小句出发就应该包含三大系统,即及物性、语气、主位。其中及物性系统与小句中所表达的过程类型有着紧密的联系,过程又包含三部分:动作者、过程、目标。下面通过图10-5 ~ 图10-7来了解。

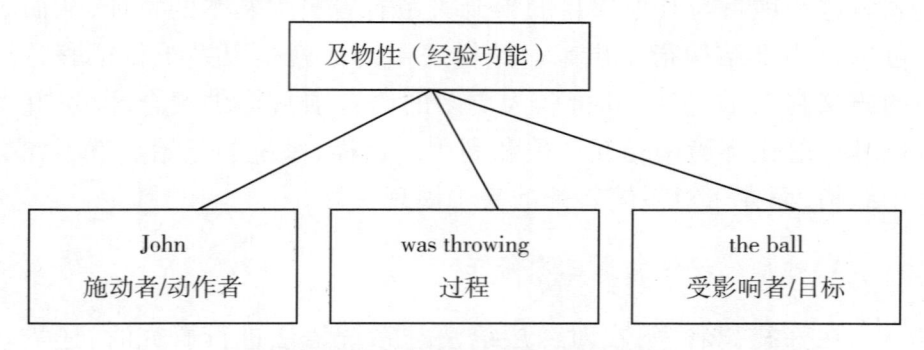

```
              及物性(经验功能)
              /      |      \
         John    was throwing   the ball
      施动者/动作者    过程      受影响者/目标
```

图 10-5 及物性系统与结构的关系

(资料来源:胡壮麟,朱永生,张德禄,李站子,2008)

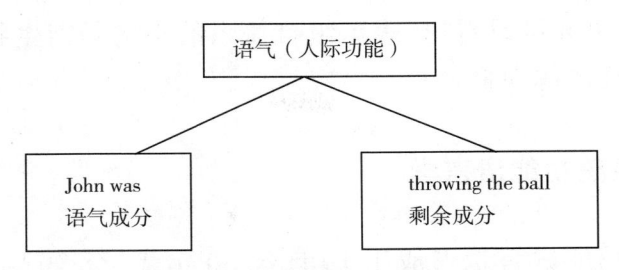

第十章　系统功能语言学理论指导下的英语教学研究

```
            语气（人际功能）
           /              \
    John was          throwing the ball
    语气成分              剩余成分
```

图 10-6　语气系统与结构的关系

（资料来源：胡壮麟，朱永生，张德禄，李站子，2008）

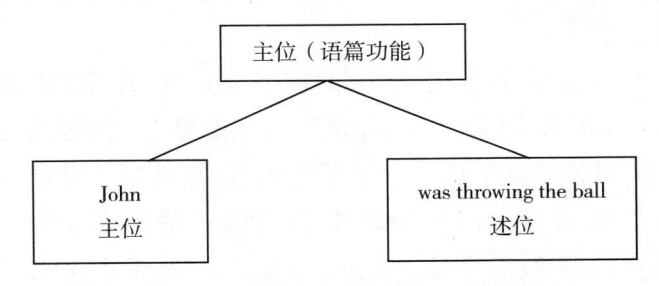

```
            主位（语篇功能）
           /              \
        John          was throwing the ball
        主位                述位
```

图 10-7　主位系统与结构的关系

（资料来源：胡壮麟，朱永生，张德禄，李站子，2008）

2. 功能与用途

将功能理论与语义学相互关联，也是功能理论的一大创新与突破。下面通过图 10-8 来了解它们之间的关系。

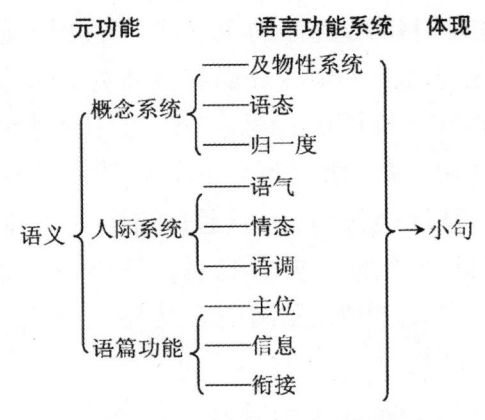

```
元功能          语言功能系统      体现

            ┌── 及物性系统
       概念系统┤── 语态
            └── 归一度

            ┌── 语气
语义 ─ 人际系统┤── 情态         → 小句
            └── 语调

            ┌── 主位
       语篇功能┤── 信息
            └── 衔接
```

图 10-8　语义系统网络图

（资料来源：胡壮麟，朱永生，张德禄，李站子，2008）

由图 10-8 可以看出，表示组合关系的小句是衍生物，是语义系统中的具体体现形式。

二、系统功能语言学

系统功能语言学形成于 19 世纪 60 年代，至今已有 50 多年的历史了。系统功能语言学在语言的系统、功能、意义等方面均取得了丰硕的研究成果，此外，在其指导下的应用性研究也取得了长足的进展。

韩礼德在伦敦学派奠基人弗斯（Firth）的语言学思想基础上发展和创立了系统功能语言学，成为当今世界上主要的语言学流派之一。系统功能语言学从社会学角度出发，用功能方法研究语言。

韩礼德在语言的研究中非常重视语言的社会学意义。他认为，语言是"能够做的事情的范围"，并且指出，系统功能语言学是基于功能和语义研究的语言学，目的是对经验的语言和创造性的语言加以解释，同时分析语言的实际生活中的应用情况。韩礼德认为，将社会学和理论学相互结合和充分进行研究，对语言学的健康发展十分有利，而且多次强调要用符号学的观点对语言加以解释。他指出，文化是由许多符号系统构成的意义潜势，语言只是体现社会符号学的许多方式中的一种。但语言作为一种特殊的符号系统，是人们赖以生存的重要手段，也是通往高级符号的重要工具。无论是哪一种语言，都有其特殊的逻辑关系，都关乎一个民族文化的最有价值的符号系统。韩礼德指出，语言与其存在的社会情境密切相关，语言不可能脱离特定的社会文化而独立存在。语言是一种社会行为，人们通过语言进行社会交往。

总体而言，韩礼德的系统功能语言学继承了语言学的思想，同时着眼于语言的功能性，强调语言使用的社会性，以语言使用的倾向或原则为己任。

第十章 系统功能语言学理论指导下的英语教学研究

第二节 系统功能语言学的研究内容

一、系统语法

系统语法的主要意义在于对描写语言各个层次加以规定的过程中,如何从特定的语境出发,对各个项目展开有意义的选择。下面就做具体分析。

(一)系统的几个基本概念

1. 系统与网络系统

语法这一系统是非常庞大的,即语言是系统的系统,因为其还包含很多的子系统。下面以"人称系统"为例展开分析,如图10-9所示。

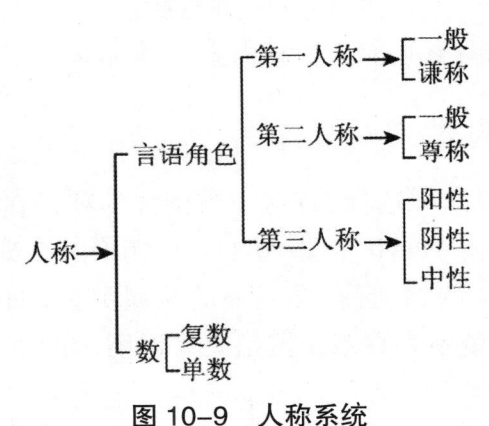

图10-9 人称系统

(资料来源:胡壮麟,朱永生,张德禄,李站子,2008)

上述"人称系统"包括"言语角色"和"数"两个子系统,而"言语角色"又包括"第一人称""第二人称""第三人称"。这种大小系统相互联结就构成了一个系统网络。

2. 选择

在同一个系统中,人们可以选择两个项目或者两个以上项目的特征。例如,图 10-10 所示,人们可以选择是采用过去时态还是非过去时态,还可以选择是采用非过去时态的将来时还是现在时。

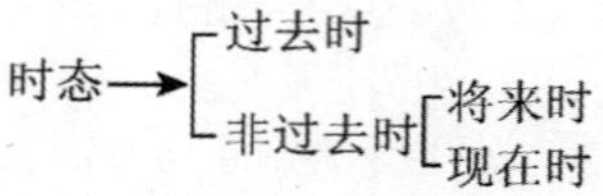

时态 ─┬─ 过去时
　　　└─ 非过去时 ─┬─ 将来时
　　　　　　　　　└─ 现在时

图 10-10　时态系统

(资料来源:胡壮麟,朱永生,张德禄,李站子,2008)

在进行选择的时候,人们习惯采用两分法,但是这并不是一个硬性的标准。在实际中,可选择的项目可能不止有两个。因此,图 10-10 可以用图 10-11 来表达。

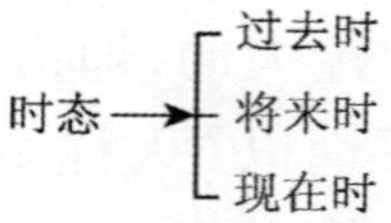

时态 ─→ ┬─ 过去时
　　　　├─ 将来时
　　　　└─ 现在时

图 10-11　时态系统

(资料来源:胡壮麟,朱永生,张德禄,李站子,2008)

3. 从属关系

上述之所以这样选择,就在于被选择的项目在逻辑上是有相同点的。例如,图 10-10 与图 10-11 中,无论怎么选择,其"时态"特征是不可避免的,并且存在明显的从属关系,如果这种从属关系不存在,那么就不存在系统网络。来看图 10-12。

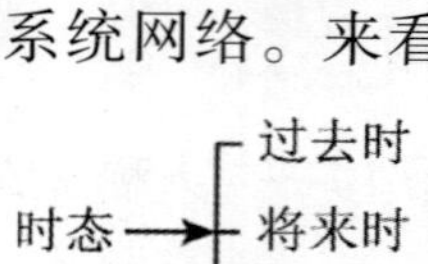

时态 ─→ ┬─ 过去时
　　　　├─ 将来时
　　　　└─ ?复数

图 10-12　不存在的从属关系

(资料来源:胡壮麟,朱永生,张德禄,李站子,2008)

在图 10-12 中,"复数"不能与"时态"特征并列,因为"复数"

第十章　系统功能语言学理论指导下的英语教学研究

不存在这一特征,二者不是从属的关系。

4. 意义与意义潜势

人们如果想要表达意义,就说明他们已经选定了某种项目,并且这样项目所要表达的语义也被选定了。从这一层面来说,选择等同于意义。在下图 10-13 所示的语气系统中,"陈述""疑问"和"祈使"之间就存在语义关系。

```
         ┌─ 陈述
语气 ──→ ─ 疑问
         └─ 祈使
```

图 10-13　语气系统

(资料来源:胡壮麟,朱永生,张德禄,李站子,2008)

当选择了"陈述"项时,也就要表达陈述语气的语义。这样以上可供选择的各项作为整体都是潜在的可供选择的语义,这就是"语义潜势"。

(二)体现

语言具有层次性,具体包含三大层次,即语义层、形式层、实体层。各个层次之间存在着体现关系。具体如图 10-14 所示。

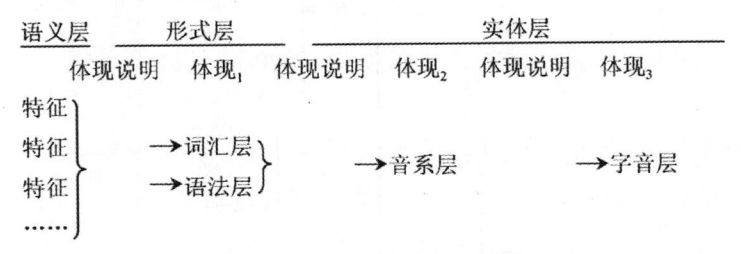

语义层	形式层		实体层	
体现说明　体现$_1$	体现说明　体现$_2$	体现说明　体现$_3$

```
特征 ┐
特征 ├─→ 词汇层 ┐
特征 │   → 语法层 ┘ → 音系层      → 字音层
…… ┘
```

图 10-14　层次之间的关系

(资料来源:胡壮麟,朱永生,张德禄,李站子,2008)

通过图 10-14 可以看出,语义层是多项选择的结果,语义层在形式层中体现于词汇层和语法层,语义层与形式层、形式层与实体层之间不一定存在对应关系。下面通过 The boy kicked the ball 中的 The boy 为例进行说明,如图 10-15 所示。

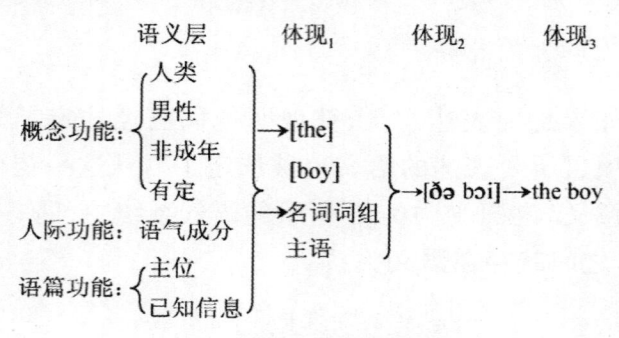

图 10-15 示例图

(资料来源:胡壮麟,朱永生,张德禄,李站子,2008)

(三)系统与功能

1.系统与功能

在系统语法中,系统网络主要包含三个元功能,即概念功能、人际功能和语篇功能。下面就通过图 10-16 ~ 图 10-18 来了解三个部分。

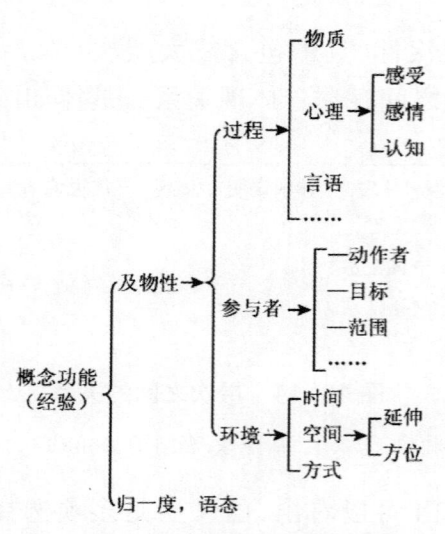

图 10-16 概念功能基本网络图示

(资料来源:胡壮麟,朱永生,张德禄,李站子,2008)

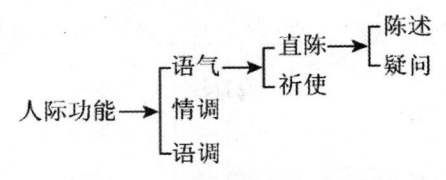

第十章 系统功能语言学理论指导下的英语教学研究

图 10-17　人际功能基本网络图示

（资料来源：胡壮麟，朱永生，张德禄，李站子，2008）

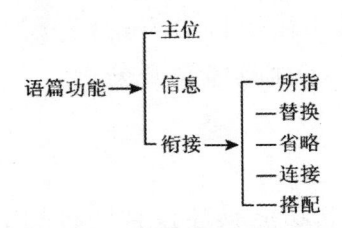

图 10-18　语篇功能基本网络图示

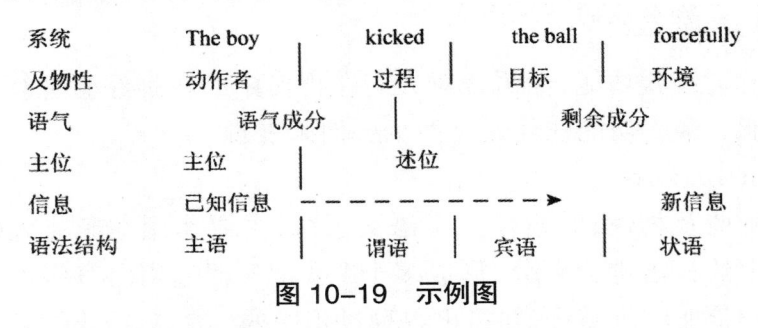

（资料来源：胡壮麟、朱永生、张德禄、李站子，2008）

系统	The boy	kicked	the ball	forcefully
及物性	动作者	过程	目标	环境
语气	语气成分		剩余成分	
主位	主位		述位	
信息	已知信息	------→		新信息
语法结构	主语	谓语	宾语	状语

图 10-19　示例图

（资料来源：胡壮麟，朱永生，张德禄，李站子，2008）

2. 最小括弧法

一个句子中的语法功能结构多是由语法类（class）中的词体现。例如：

　　　　　　　The boy　　　kicked　　　the ball　　　forcefully.
语法结构　　主语　　　　　谓语　　　　宾语　　　　状语
形式类　　　名词词组　　　动词词组　　名词词组　　副词词组

为了将语义功能成分与语法结构二者之间的关系表达出来，可以采用最小括弧法，即从词组出发来进行划分。例如：

· 229 ·

The boy　kicked　the　ball　forcefully

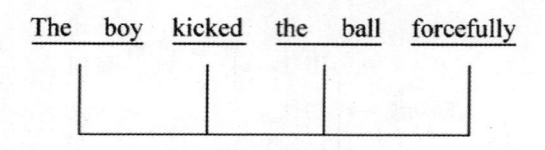

二、功能语法

上述已经提到,韩礼德将语言功能分为三种:概念功能、人际功能和语篇功能。下面具体展开分析。

（一）概念功能

韩礼德认为,概念功能具体包含两种功能,一种经验功能,另一种是逻辑功能。

1. 经验功能的表现形式

所谓经验功能,即语言对人们在现实中的各种经验进行表达的功能。经验功能往往通过两个层面来展现。

（1）及物性

所谓及物性,其指代一个语义系统,主要作用在于将人们在现实中的言语进行划分,形成多个"过程",即运用语言将人们现实的经验加以范畴化,并指出各种过程中的"参与者"与"环境成分"等。

（2）语态

在功能语法中,如果及物性用于指出各个过程以及相关的参与者与环境成分,那么语态就用来指出某一过程首先与哪一个参与者构建关联性。

韩礼德将语态分为如下两大类。

第一,中动语态,即当某一过程本身与一个参与者存在关联性时,不会将其他参与者涉及其中,这说明这些小句处于中动语态。例如:

The cup was broken.

第十章 系统功能语言学理论指导下的英语教学研究

A beautiful girl stood up.

第二,非中动语态,即当某个过程与两个以上的参与者存在关联性时,表现这个过程的小句就处于非中动语态。其具体包含主动语态和被动语态两种类型。例如:

The black dog broke the cup.(主动语态)

Lucy got caught in the rain.(被动语态)

2. 逻辑功能的表现形式

所谓逻辑功能,是指语言所具备的反映两个或两个以上语言单位之间逻辑语义关系的功能。韩礼德从两个方面来研究。

(1)相互依存。其指的是任何两种不同语言单位之间存在着某些依赖性的关系,其一般通过并列与主从关系加以表现。例如:

Lily is a teacher and Lucy is a student.(并列关系)

Steven ran away because he was scared.(主从关系)

(2)逻辑语义关系。其一般表现为扩展与投射。例如:

Lily ran away, she didn't wait.

Lily ran away, which means she didn't wait.(扩展)

Tom said: "I'm running away."(直接引语)

Tom said that he was running away.(间接引语)(投射)

(二)人际功能

所谓人际功能,即语言用于表达发话人身份、地位以及对事物加以判断的功能。其涉及三大系统。

1. 语气成分

语气具体包含两个部分:一是主语,由名词性词组充当;二是限定成分,属于动词词组的一部分。主语可由名词充当,也可由具有名词特性的词、词组甚至小句充当。例如:

The people who want to play the cards that have goods

trains on have to sit here.（由名词充当）

To argue with the teacher was saking for trouble.（由词组充当）

2. 情态

对于情态动词的表达，可以从主观与客观两大层面着眼，韩礼德将其称为"取向"。情态具有三级值，分别是高、中、低，如表10-1 所示。

表 10-1　情态的三级值

	概率	频率	义务	意愿
高	certain	always	require	determined
中	probable	usually	supposed	keen
低	possible	sometimes	allowed	willing

（资料来源：胡壮麟,朱永生,张德禄,李站子,2008）

下面通过图 10-20 来了解一下情态的系统网络。

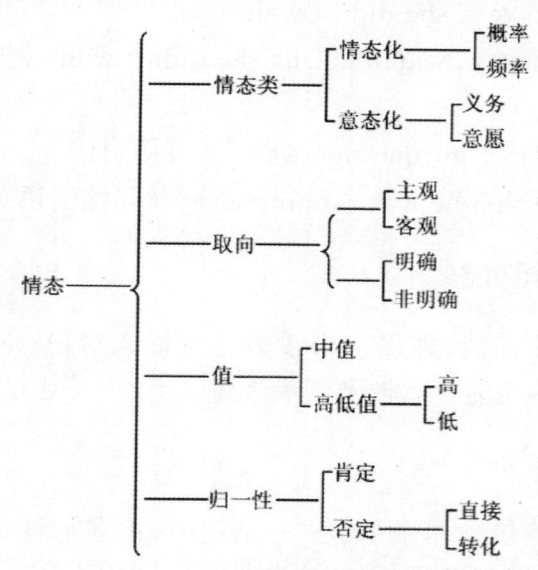

图 10-20　情态网络系统

（资料来源：胡壮麟,朱永生,张德禄,李站子,2008）

3. 语调

在人际功能中,语调也是其重要成分。语调的语义特征不是通过句法结构传达出来,而是由音系层加以呈现,也就是我们所知的"升降曲线"。但是需要指明的是,语调与语气、情态系统之间关系密切。

(三)语篇功能

语篇功能主要通过三种方式来体现,分别是主位结构、信息结构和衔接。

1. 主位结构

布拉格学派创始人马泰休斯认为,一个句子可以由主位、述位、连位三个部分构成。其中主位属于句子的起始点;述位是主位想要表达的内容,是话语的核心部分;连位是上述二者相互联结的成分。

2. 信息结构

所谓信息结构,即将语言构成信息单位的结构。在人与人的交流中,信息单位属于最为重要的成分,而信息交流的过程就是新旧信息之间的相互作用过程。也就是说,信息结构就是新旧信息相互作用而形成的结构单位。

3. 衔接

衔接属于一个语义概念,指的是语篇中各个成分之间的意义关联性。如果语篇中的某一成分依附于另外一个成分,那么这就是衔接。

韩礼德将衔接分为语法衔接和词汇衔接两种形式。其中,语法衔接又包含四种:照应、省略、替代、连接。

第三节　系统功能语言学理论指导下的英语教学策略

一、系统功能语言学理论在英语教学的运用

在系统功能语言学的理论指导下,英语教学对于语言实用目的非常注重,尤其是将各种教学方法的特点吸收进来,是一种基于社会文化的语言教学理论。下面就重点分析系统功能语言学理论在英语教学中的运用。

（一）系统进行外语教学

系统功能语言学指出,语言是一个包含社会功能的系统,是与语言运用环境相关的系统。

英语教学的目的在于促进学生的语言发展,让学生根据自身的潜势和具体语境,对语言形式加以选择,进而顺利完成交际。因此,要想开展有效的英语教学,教师首先需要对学生的语言潜势有清晰的了解,并且从学生的基本情况出发,展开有针对性的教学。

如果不考虑学生的实际情况,盲目从自己的进度出发开展教学,那么教学效果也不会很好。同时,由于学生对英语课程本身的接受程度较低,导致学生失去学习的兴趣和积极性。这也就要求,教师应该以学生为中心展开教学,要让学生明确英语学习与自己的生活、工作等密切相关。

系统功能语言学还认为,应该采用多层次的教学形式。一般来说,传统的教学注重形式、轻视意义,注重词汇语法、轻视语言功能等。这些传统的教学方法对于学生的英语学习是非常不利的,导致学生的英语实用性差,很难满足以后的生活与工作需要。因此,系统功能语言学理论指导下的英语教学要注重从多个层面

培养学生的英语能力,让学生在语音、词汇、语法、语义以及各项技能等多个层次上均衡进步与发展。

(二)重视形式与功能教学

如前所述,语言包含概念功能、人际功能、语篇功能三种功能。这三个功能之间相互关联。但是,在传统的英语教学中,主要侧重于语言形式的教学,未将语言功能教学纳入其中,导致语言形式与语言功能的脱节,也导致培养出的人才未能全面发展。

系统功能语言学侧重于学生的全面发展,教师应该为学生创造真实的环境,对学生的语言应用能力加以训练,这不仅能调动学生的学习兴趣,还能激发学生的学习积极性。

(三)重视语域与语境教学

在系统功能语法中,语域是一项重要的理论,指的是语言会随着情境改变而改变。研究语域理论的目的在于发现语言变化的规则,对语境因素的了解,有助于了解语言的特征。韩礼德认为,语境涉及语场、语旨、语式三个部分。

在这三个部分中,每一个因素的改变都会影响语言的整体意义,造成语言变异的产生。具体来说,表现为如下几点。

第一,在语场的变化下,会导致不同学科与不同领域的产生,如科技英语、商务英语等就是最好的表现。

第二,在语旨的变化下,语言的正式程度会存在差异性,如正式英语与非正式英语的存在。

第三,在语式的变化下,语言态度不同,说话语气也会不同,导致语域不同,如幽默英语与说教英语。

在系统功能语言学理论指导下,英语教学的目的就是为了提升学生在不同语境下语言的使用能力。因此,在英语教学中,应该对语域的特征有清晰的认识与把握,利用不同的语境展开教学,让学生学会在不同语境下的语言交际。

(四)重视文化导入教学

系统功能语言学认为,语言基本根植于社会习俗与民族文化,如果不考虑文化规约,是很难对语言形式加以理解的。因此,在英语教学中,应该重视文化导入,对语言背后的深层文化形式有清晰的了解与把握。

因此,在英语教学中,教师要注意文化内容的教学,让学生对语言背后的文化内涵有清楚的了解与把握。当然,系统功能语言学理论对教师也提出了较高的要求,具体表现在要求教师具备一定的文化教学意识、对中国文化了解、对异域文化了解、对中西文化差异有明确的把握等。

二、系统功能语言学理论指导下的英语教学具体策略

系统功能语言学与英语教学密切相关,系统功能语言学的理论与英语教学改革的目标相一致,将这一理论运用到英语教学中,有助于提升英语教学的质量,促进英语教学的改革与进步。下面选取英语教学的一些内容作为案例进行分析。

(一)系统功能语言学理论指导下的英语听力教学

无论在过程上还是结果上,发话人所说的都是语篇。因此,其意义是通过语篇整体意义传达出来的。具体来讲,语篇的整体意义包含直义与含义两种,前面就是所谓的字面意义,后面就是所谓的隐含意义。

对于含义,很多学者进行过研究与界定。著名学者张德禄将含义划分为三大类:蕴含、预设与语境含义。这种划分的标准非常明确,对于英语听力教学而言意义非凡。这是因为,英语听力教学的根本目的在于让学生能够运用语言及上述三类的关系来对语篇加以理解。下面做具体的分析。

第十章　系统功能语言学理论指导下的英语教学研究

1. 蕴含与预设层面

所谓蕴含,就是句子之间存在的逻辑推理关系。简单来理解,如果一个句子是真的,那么另一个句子在任何情况都是真的,这样就可以得出第二个句子是第一个句子的蕴含意义。同时,可以分析出两个句子的语义关系,即上下义关系。例如:

Tom ate bread.

Tom ate something.

很显然,上例中 bread 是 something 的一部分,属于上下义关系。

在英语听力教学中,教师应该引导学生熟悉句子的蕴含意义,因为在很多情况下,这种蕴含关系都是存在的。因此,教师应该引导学生从具体的语境出发,对其中的蕴含意义加以判断与分析。

2. 语境含义层面

从系统功能语言学的角度来说,语境含义即日常生活中与该文语境相关的含义。一般来说,语境含义可以划分为两大类:常规含义与情景含义,其中前者受到文化因素的影响,通过对文化因素加以了解,人们才能理解对方说的话。例如:

A: I've just run out of petrol.

B: Oh, there's a garage just around the corner.

上例中,去 garage 加油是众所周知的事情。但是,由于受文化差异的影响,在目的语中可能不存在激活这个词的能力。当 A 提到车子没有油了,B 并未告知加油,而是告诉 A 去修理厂。根据这两点,学生就需要假定两个句子是存在关联的。当然,如果学生不了解这个单词的意义与背景,就会出现明显的词汇意义空缺,就容易理解错误。可见,这一方法有助于学生提升自身的推测能力。

(二)系统功能语言学理论指导下的英语口语教学

根据系统功能语言学,语言研究的重要内容在于语言在具体语境中所表达的意义,因此在大学英语口语教学中,教师应该传授学生将语言形式转化成具体的意义。具体而言,主要从两个层面来理解。

1. 口语语篇的意义组织模式

著名学者拜盖特(Bygate)曾经指出,口语交际是交际双方进行意义协商与交流的过程。但在交际过程中,交际双方需要对交际内容、交际对象、交际时间等因素进行组织。[①]

在拜盖特看来,意义的组织需要与一定的常规相符,同时他划分了两种常规:一种是信息常规,一种是交际常规。意义组织常规模式如图 10-21 所示。

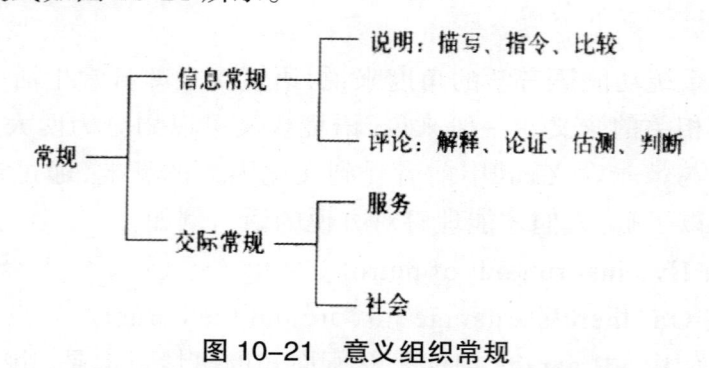

```
          ┌─ 信息常规 ┬─ 说明:描写、指令、比较
常规 ─────┤           └─ 评论:解释、论证、估测、判断
          └─ 交际常规 ┬─ 服务
                      └─ 社会
```

图 10-21　意义组织常规

(资料来源:张德禄,苗兴伟,李学宁,2005)

从图 10-21 可知,口语交际中对意义进行组织需要考虑两大因素:一是考虑社会文化因素;二是考虑情景因素。不得不说,这两大因素在划分体系中关联不大,并不能使交际双方组织与表达意义的过程实现动态性。

---

① 转引自张德禄,苗兴伟,李学宁.功能语言学与外语教学[M].北京:外语教学与研究出版社,2005:271.

2. 口语语篇中的语类

在特定的社会文化中,语言能够实现的功能多少,就意味着产生的语类多少。下面以信息语类中的叙述语类为例,分析语类在口语教学中的作用与意义。

所谓叙述语类,是指由一系列在时间顺序上开展的事件组成,主要涉及三个部分:一是定向;二是系列事件;三是个人评论。例如:

…We went up to Noosa for the weekend and stayed with Mina— spent most of the weekend on the beach, of course.On Sunday, Tony took us out in his boat.Didn't fancy that much. Pity it's such a rooten drive back.

上述叙述语篇是个人的叙述,可以将其做如下语类分析。

(1)定向,即"We went up to Noosa for the weekend and stayed with Mina"这一部分主要向读者介绍具体的人物、地点、时间等背景知识,便于对语篇理解和掌握。

(2)系列事件,即"spent most of the weekend on the beach","On Sunday, Tony took us out in his boat."一般情况下,系列事件会按照时间顺序来进行叙述。

(3)个人评论,即"Pity it's such a rooten drive back."当然,记叙阶段不同,个人评论的观点也不同。

除了个人叙述之外,叙述语类还有想象叙述、事实叙述等。限于篇幅,这里就再多加赘述。总之,在口语教学中,教师应该让学生熟悉和了解某一语类的语篇,同时让他们以这种语类的语篇结构为基点来理解语篇的次要结构。

总体而言,系统功能语言学理论与大学英语教学有着密切的联系,将这一理论运用于大学英语教学,对大学英语教学有着重要的指导作用,对提高大学英语教学的质量和效率有着积极的作用。

参考文献

[1]《辞海》编辑委员会.辞海[M].上海：上海辞书出版社，1989.

[2]白人立，马秋武.英语词汇学习：指导与实践[M].上海：复旦大学出版社，2001.

[3]白雅，岳夕茜.语言与语言学研究[M].昆明：云南大学出版社，2010.

[4]蔡基刚.中国大学英语教学路在何方[M].上海：上海交通大学出版社，2012.

[5]岑运强.语言学概论(第4版)[M].北京：中国人民大学出版社，2015.

[6]曾文雄.语用学翻译研究[M].武汉：武汉大学出版社，2007.

[7]崔希亮.语言学概论[M].北京：商务印书馆，2006.

[8]戴炜栋，束定芳，周雪林，等.现代英语语言学概论[M].上海：上海外语教育出版社，1998.

[9]高名凯，石安石.语言学概论[M].上海：中华书局，1963.

[10]何广铿.英语教学法教程：理论与实践[M].广州：暨南大学出版社，2011.

[11]何少庆.英语教学策略理论与实践运用[M].杭州：浙江大学出版社，2010.

[12]何自然，冉永平.新编语用学概论[M].北京：北京大学出版社，2009.

[13]何自然.语用学与英语学习[M].上海：上海外语教育

出版社,1997.

[14] 胡壮麟,朱永生,张德禄,等.系统功能语言学概论(修订本)[M].北京:北京大学出版社,2008.

[15] 胡壮麟.语言学教程(第3版)[M].北京:北京大学出版社,2007.

[16] 黄国文,辛志英.系统功能语言学研究现状和发展趋势[M].北京:外语教学与研究出版社,2012.

[17] 贾冠杰.英语教学基础理论[M].上海:上海外语教育出版社,2010.

[18] 姜望琪.当代语用学[M].北京:北京大学出版社,2003.

[19] 教育部高等教育司.大学英语课程教学要求[M].上海:外语教学与研究出版社,2007.

[20] 康莉.跨文化视角下的大学英语教学:困境与突破[M].北京:中国社会科学出版社,2014.

[21] 蓝纯.语言学概论[M].北京:外语教学与研究出版社,2009.

[22] 李冰梅.英语词汇学习教程[M].北京:北京大学出版社,2005.

[23] 李福印.认知语言学概论[M].北京:北京大学出版社,2008.

[24] 李捷,何自然,霍永寿.语用学十二讲[M].上海:华东师范大学出版社,2010.

[25] 李占喜.语用翻译探索[M].广州:暨南大学出版社,2014.

[26] 廖美珍.语言学教程(修订版)精读精解[M].成都:西南交通大学出版社,2009.

[27] 林新事.英语课程与教学研究[M].杭州:浙江大学出版社,2008.

[28] 刘宝俊.社会语言学[M].北京:科学出版社,2016.

[29] 刘颖.计算语言学[M].北京:清华大学出版社,2014.

[30] 鲁子问. 英语教学论（第 2 版）[M]. 上海：华东师范大学出版社，2009.

[31] 陆国强. 现代英语词汇学：新版 [M]. 上海：上海外语教育出版社，1999.

[32] 牟杨. 新编简明英语语言学教程学习指南 [M]. 成都：西南交通大学出版社，2009.

[33] 彭聃龄. 语言心理学 [M]. 北京：北京师范大学出版社，1991.

[34] 钱冠连. 汉语文化语用学 [M]. 北京：清华大学出版社，2002.

[35] 冉永平. 语用学：现象与分析 [M]. 北京：北京大学出版社，2006.

[36] 束定芳，庄智象. 现代外语教学：理论、实践与方法 [M]. 上海：上海外语教育出版社，2008.

[37] 汪榕培，卢晓娟. 英语词汇学教程 [M]. 上海：上海外语教育出版社，1997.

[38] 汪榕培，王之江. 英语词汇学 [M]. 上海：上海外语教育出版社，2008.

[39] 王策三. 教学论稿 [M]. 北京：人民教育出版社，1985.

[40] 王德春. 普通语言学 [M]. 上海：上海外语教育出版社，2011.

[41] 文秋芳. 认知语言学与二语教学 [M]. 北京：外语教学与研究出版社，2013.

[42] 夏章洪. 英语词汇学：基础知识及学习与指导 [M]. 杭州：浙江大学出版社，2011.

[43] 熊学亮. 简明语用学教程 [M]. 上海：复旦大学出版社，2008.

[44] 徐通锵. 语言论——语义型语言的结构原理和研究方法 [M]. 长春：东北师范大学出版社，1997.

[45] 严辰松,高航.语用学[M].上海:上海外语教育出版社,2005.

[46] 严明.大学英语翻译教学理论与实践[M].长春:吉林出版集团有限公司,2009.

[47] 严明.大学英语自主学习能力培养教程[M].哈尔滨:黑龙江大学出版社,2007.

[48] 姚小平.如何学习研究语言学[M].北京:北京大学出版社,2013.

[49] 叶蜚声,徐通锵.语言学纲要(修订版)[M].北京:北京大学出版社,2010.

[50] 余东明.什么是语用学[M].上海:上海外语教育出版社,2011.

[51] 张德禄,苗兴伟,李学宁.功能语言学与外语教学[M].北京:外语教学与研究出版社,2005.

[52] 赵艳芳.认知语言学概论[M].上海:上海外语教育出版社,2001.

[53] 赵元任.语言问题[M].台北:台湾商务印书馆,1968.

[54] 郑诗鼎.语境与文学翻译[M].重庆:西南师范大学出版社,1997.

[55] 朱曼殊.心理语言学[M].上海:华东师范大学出版社,1990.

[56] 朱永生,严世清.系统功能语言学多维思考[M].上海:上海外语教育出版社,2001.

[57] 胡家秀.原型理论:来自中国古代经典《尔雅》的验证[D].北京:北京航空航天大学,2006.

[58] 黄玲琼.系统功能语言学视角下非英语专业大学生英语阅读现状及对策研究——以喀什大学为例[D].喀什市:喀什大学,2017.

[59] 吴峰.系统功能语言学理论在高中英语阅读教学中的运用[D].长春:东北师范大学,2011.

[60] 许朝阳.系统功能语言学框架下的大学英语阅读教学研

究[D].保定：河北大学，2010.

[61] 曾宪才.语义、语用与翻译[J].现代外语，1993，(1).

[62] 陈婧，胡登攀.系统功能语言学视角下大学英语写作教学探究[J].四川理工学院学报，2011，(5).

[63] 陈晓华.语义学与英语教学实践[J].淮阴师专学报，1994，(2).

[64] 陈治安，文旭.关于英汉对比语用学的几点思考[J].外语与外语教学，1999，(11).

[65] 程玮欣.英语构词法浅析[J].安徽文学(下月刊)，2015，(5).

[66] 戴炜栋.外语教学的"费时低效"现象——思考与对策[J].外语与外语教学，2001，(7).

[67] 范能维.英语构词法中的转化法[J].牡丹江教育学院学报，2009，(5).

[68] 高文捷，白雪.英语语言学的理论体系与构建探讨[J].亚太教育，2016，(35).

[69] 桂花，杨征权.微课程教学法在高职英语语法教学中的运用[J].高教学刊，2016，(7).

[70] 胡红云.英语缩略词解读[J].哈尔滨学院学报，2011(11).

[71] 黄芳.象似性理论及其在大学英语词汇教学中的应用[J].外语教学，2007，(22).

[72] 雷丽玉.系统功能语言学在大学英语中的应用[J].语文学刊·外语教学教育，2013，(3).

[73] 卢春媚.浅谈英语构词法[J].广州大学学报，2002，(3).

[74] 陆国强.现代英语中的复合动词[J].外国语，1978，(3).

[75] 那剑.认知语言学在英语阅读理解中的应用研究[J].西南农业大学出版社，2012，(11).

[76] 牛毓梅.功能语言学与外语教学评述[J].外国语言文学，2006，(4).

[77] 彭慧.社交指示语的汉英翻译[J].湖南人文科技学院学报.2007,(6).

[78] 邱桂萍.英语复合动词[J].濮阳教育学院学报,2000,(3).

[79] 冉永平.词汇语用学及语用充实[J].外语教学与研究,2005,(5).

[80] 施春宏.语言学理论体系中的假设与假说[J].语言研究集刊,2015,(1).

[81] 田凌云.构建以系统功能语言学理论为基础的大学英语阅读教学模式[J].当代教育论坛,2011,(24).

[82] 王茹.功能语言学与英语教学——评《功能语言学理论下的英语教学研究》[J].高教发展与评估,2016,(5).

[83] 王永聘.复合形容词的构成方式[J].三峡大学学报,1994,(1).

[84] 王珍.系统功能语言学对外语教学的启示[J].南宁师范高等专科学校学报,2007,(3).

[85] 王宗炎.介绍赵元任《译文忠实性面面观》[J].中国翻译,1982,(3).

[86] 肖庚生,徐锦芬,张再红.大学生社会支持感、班级归属感与英语自主学习能力的关系研究[J].外语界,2011,(4).

[87] 肖君.英语词汇教学中文化差异现象浅析[J].四川教育学院学报,2007,(5).

[88] 肖楠,肖文科.英语首字母缩略词的构词特点[J].北京林业大学学报,2008(3).

[89] 徐俊林,白臻贤.语义学与英语教学[J].发明与创新,2003,(6).

[90] 张辉,王少琳.认知语义学述评[J].解放军外国语学院学报,1999,(4).

[91] 张科平,陈桂斌.英语语法教学方法新思维[J].广东医学院学报,2008,(3).

[92] 赵云. 英汉缩略词的基本构词法 [J]. 和田师范专科学校学报, 2009, (4).

[93] 钟海英. 文学翻译策略的语用理据 [J]. 广东技术师范学院学报, 2007, (11).

[94]Firth, J. R. *Papers in Linguistics 1934—1951*[M]. London: Oxford University, 1957.

[95]Lyons, J. *Semantics*[M]. Cambridge: Cambridge University Press, 1977.

[96]Lakoff George & Mark Johnson. *Philosophy in Flesh: The Embodied Mind and Its Challenge to Western Thought*[M]. New York: Basic Books, 1999.

[97]Lakoff, George & Mark Turner. *More than Cool Reason: A Field Guide to Poetic Metaphor*[M]. Chicago: University of Chicago Press, 1989.

[98]Lakoff, G. *Women, Fire, and Dangerous Things: What Categories Reveal about the Mind*[M]. Chicago: The University of Chicago Press, 1987.

[99]Langacker, Ronald W. *Ten Lectures on Cognitive Grammar By Ronald Langacker*[C]. Beijing: Foreign Language Teaching and Research Press, 2007.

[100]Fillmore, Charles & Beryl Atkins. Towards a frame-based lexicon: the semantics of risk and its neighbors[A]. *Frames, Fields, and Contrast: New Essays in Semantic and Lexical Organization*[C]. Adrienne Lehrer and Eva Feder Kittay (Eds.). Hillsdale NJ: Lawrence Erlbaum, 1992.

[101]Lakoff, G. & M. Johnson. *Metaphors We Live By*[M]. Chicago: Chicago University Press, 1980.

[102]Gibbs, Raymond W. & Herbert Colston. The cognitive psychological reality of image schemas and their transformations[J]. *Cognitive Linguistics*, 1995, (4).

[103]Johnson, Mark. *The Body in the Mind: The Bodily Basis of Meaning, Imagination, and Reason*[M]. Chicago: University of Chicago Press, 1987.

[104]Tylor, John. *Linguistic Categorization: Prototypes in Linguistic Theory*[M]. Beijing: Foreign Language Teaching and Research Press, 2003.

[105]Davis, Linell. *Doing Culuture—Cross-Cultural Communication in Action*[M]. Beijing: Foreign Language Teaching and Research Press, 2004.

[106]Samovar, L. & Porter, R. *Communication between Cultures*[M]. Belmont, CA: Wadsworth Publishing Company, 1995.

[107]Raymond Williams. *Keywords: A Vocabulary of Culture and Society*[M]. London: Fontana Press, 1983.